JN077281

小規模事業者の
消費税
仕入税額控除
有利選択と制度理解

税理士 三宮　修

清文社

はじめに

令和5年10月1日より適格請求書等保存方式（インボイス制度）が導入されました。

多くの事業者の方々が適格請求書（インボイス）発行事業者の登録を行うことになるとともに、いままで免税事業者であった事業者の方々も消費税のインボイス発行事業者の登録を受け、新たに課税事業者として消費税の確定申告を行う必要が生じてくるものと考えられます。

消費税の納付税額の計算は、売上げに対して課された消費税額から仕入れに要した消費税額を控除して行うことになりますが、この仕入れに要した消費税額の控除（仕入税額控除）の計算に当たっては、原則課税、簡易課税の選択適用など事業者の状況によってどの方式を選択するかを判断する必要が生じてきます。

特に、免税事業者であった者でインボイス制度の導入を機にインボイス発行事業者として課税事業者となる方については、消費税の納税負担、事務負担に配慮し、納付税額を売上げに対して課された消費税額の2割とする経過措置（2割特例）が設けられています。

そこで、本稿では、インボイス制度の導入を機に新たに課税事業者となる方々が消費税の仕組みや納付税額の計算などについて理解していただき、選択可能な制度を活用し、確定申告を行うことができるよう解説することとしました。

第1章では、消費税の仕組み

第2章では、インボイス制度の概要

第3章では、2割特例の選択・手続と留意点

第4章では、簡易課税制度の選択・手続と留意点

第5章では、本則課税の選択・手続と留意点

と消費税の基礎知識と仕入税額控除制度の概要について解説し、これを踏まえて、

第6章では、仕入控除税額の計算における有利選択のポイント

第7章では、2割特例・簡易課税・本則課税による納付税額の計算と実践的な解説を行い、

第8章では、消費税の主な届出書、申請書等を掲載しました。

本書によって、インボイス制度導入後の消費税について理解いただければ幸いです。

令和5年11月

税理士　三 宮　　修

目次

第1章 消費税の仕組み

第2章 インボイス制度の概要

第3章 2割特例の選択・手続と留意点

第4章 簡易課税制度の選択・手続と留意点

第5章 本則課税の選択・手続と留意点

第6章 小規模事業者と仕入税額控除制度 ～有利選択のポイント

第7章 2割特例・簡易課税・本則課税による納付税額の計算

第8章 各種届出書等

凡例

本書において引用した法令は、それぞれ次の略語を使用しています。

法……………消費税法

令……………消費税法施行令

規……………消費税法施行規則

基通…………消費税法基本通達

様式通………消費税関係申告書等の様式通達

措法…………租税特別措置法

措令…………租税特別措置法施行令

措規…………租税特別措置法施行規則

通則法………国税通則法

通則令………国税通則法施行令

平27改正法…所得税法等の一部を改正する法律（平成27年法律第9号）

平28改正法…所得税法等の一部を改正する法律（平成28年法律第15号）

平30改正令…消費税法施行令等の一部を改正する政令（平成30年政令第135号）

＊本書の内容は、令和5年11月1日現在の法令等に依っています。

第1章

消費税の仕組み

I 消費税の納付税額の計算

消費税は、消費に対して広く公平に負担を求めるという観点から、非課税とされる取引及び免税とされる取引を除き、国内で行われる商品の販売や資産の貸付け、サービスの提供（国内取引）及び保税地域から引き取られる外国貨物（輸入取引）を課税の対象とし、取引の各段階で標準税率10％（消費税7.8％、地方消費税2.2％）、軽減税率8％（消費税6.24％、地方消費税1.76％）の税率で課税される間接税です。

また、生産、流通等の各段階で課税が行われることによる税の累積を排除するため、課税売上げに対する消費税額から課税仕入れ等に係る消費税額を控除する仕組み（**仕入税額控除**）が採られています。

この仕入税額控除については、法令上定められた一定の方法の中から各事業者が選択して行うことになりますが、本書では中小事業者の方々が自らその選択が行えるよう解説するものです。

仕入税額控除の解説を始める前に、第１章では、どのように消費税の納付税額の計算を行うのかを確認した上、消費税の基本的な仕組みについて説明していきます。

具体的な納付税額の計算の流れは、次のとおりです。

1 ステップ1：課税標準額の計算

まず、**【課税標準額】**を計算します。これは、課税期間中に事業者が行った商品の販売、資産の貸付け、サービスの提供の対価の額の合計額（非課税取引、免税取引の対価の額は含まれません。税抜き）です。

POINT

■課税標準額

課税売上げの対価の額の合計額（税抜き）

⇒43ページ参照

2 ステップ2：課税標準額に対する消費税額の計算

次に、**【課税標準額に対する消費税額】**を計算します。これは課税標準額に消費税率7.8％（軽減税率対象分については6.24％）を乗じて計算します。

POINT

■課税標準額に対する消費税額

課税標準額×7.8／100＊

＊軽減税率対象分については6.24／100

⇒43ページ参照

3 ステップ3：仕入控除税額の計算

課税標準額に対する消費税額から控除する**【仕入控除税額】**の計算を行います。仕入控除税額の計算は、その行った課税仕入れ等の消費税額をもとに行うことになりますが、本則課税を適用する場合と簡易課税制度又は2割特例を適用する場合とで異なります。事業者の状況に応じ、①本則課税（全額控除、個別対応方式又は一括比例配分方式）、②簡易課税制度、又は③2割特例のいずれかの方法で行うことになります。

POINT

■仕入税額控除

〈課税仕入れ等の消費税額〉

課税仕入れに係る消費税額＋引取りに係る消費税額

〈仕入控除税額の計算〉

- 本則課税……全額控除
  個別対応方式
  一括比例配分方式
- 簡易課税制度
- ２割特例

⇒48ページ参照

4　ステップ4：仕入控除税額の調整

【仕入控除税額の調整】とは、一定の事実が生じた場合に、仕入控除税額の調整計算を行うものです。なお、この調整計算は、本則課税を適用した場合にのみ行うことになります。

POINT

■仕入控除税額の調整

〈仕入控除税額に加算するもの〉

- 居住用賃貸建物の課税賃貸用への転用又は譲渡による調整額

〈仕入控除税額から控除するもの〉

- 仕入れに係る対価の返還等の金額に係る消費税額
- 引取りに係る消費税額の還付金額

⇒146ページ参照

〈仕入控除税額に加算、又は仕入控除税額から控除するもの〉
- 調整対象固定資産に係る調整額
- 棚卸資産に係る調整額

5 ステップ5：売上げに係る対価の返還等に係る消費税額の控除

その課税期間中に売上げに係る値引きや割戻しなど対価の返還等を行った場合には、その売上げに係る対価の返還等に係る消費税額を控除します。

POINT

■値引き・割戻しなど対価の返還等を行った場合

売上げに係る対価の返還等の金額に係る消費税額を控除

⇒50ページ参照

6 ステップ6：貸倒れがあった場合の消費税額の控除

その課税期間中に貸倒れがあった場合には、その貸倒れに係る消費税額を控除します。

POINT

■貸倒れがあった場合

貸倒れに係る消費税額を控除

⇒51ページ参照

したがって、消費税の納付税額の計算は、
【課税標準額に対する消費税額】から**【仕入控除税額】**を控除し、必要に応じて**【仕入控除税額の調整】**による加算又は減算を行うとともに、**【売上げに係る対価の返還等に係る消費税額】**及び**【貸倒れに係る消費税額】**を控除することによって行うことになります。

また、消費税と同時に課される地方消費税の納付税額は、消費税の納付税額に22/78を乗じた金額とされていますから、消費税と地方消費税を併せた納付税額は、

納付税額　＝　消費税額　＋　地方消費税額

となります。

具体的な消費税の納付税額の計算は、次ページのステップを踏んで行います。

次節以降、どのような取引が消費税の課税の対象となるのか、非課税取引、免税取引とはどのようなものか、仕入控除税額の具体的な計算はどのように行うのかについて解説します。

消費税の納付税額 ＝ 課税標準額に対する消費税額 － 仕入控除税額

± 仕入控除税額の調整

－ 売上げに係る対価の返還等

－ 貸倒れに係る消費税額

地方消費税の納付税額 ＝ 消費税の納付税額 × 22／78

納付税額 ＝ 消費税の納付税額 ＋ 地方消費税の納付税額

Ⅱ 消費税の課税の対象

消費税の課税の対象は、国内において事業者が行った資産の譲渡等及び特定仕入れ（**国内取引**）並びに保税地域から引き取られる外国貨物（**輸入取引**）とされています（法4①、②）。

したがって、国外で行われた取引（**国外取引**）、国内で行った取引であっても事業者以外の者が行った取引や資産の譲渡等に該当しない取引は課税の対象とはなりません（**不課税取引**）。

また、国内において事業者が事業として行う取引であっても、消費

●　消費税の課税の対象

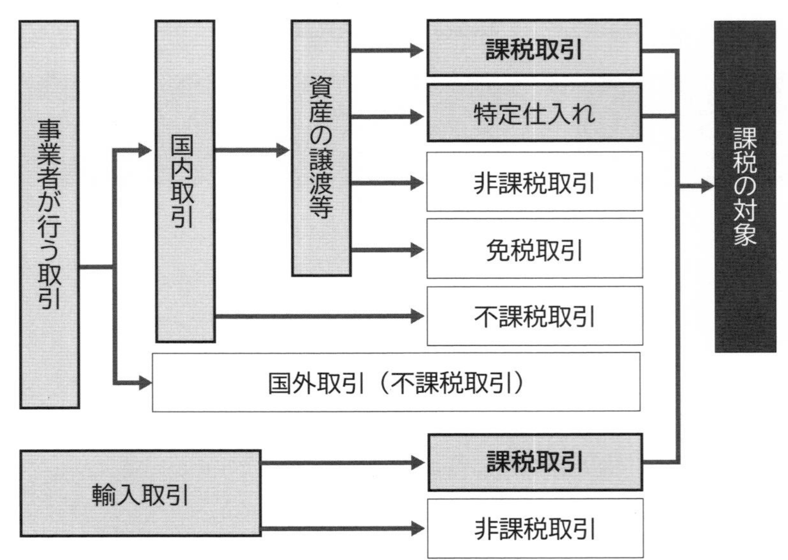

※　輸入取引は、事業者に限らず、課税貨物の引取りを行う者が消費者であっても消費税が課税されます。

に課税するという消費税の性格又は社会政策的配慮から消費税を課さないもの（**非課税取引**）や国内での消費に課税するという観点（消費地課税主義）から消費税の課税が免除されるもの（**免税取引**）があります。

1 国内取引の課税の対象

課税の対象は、国内において事業者が行った「資産の譲渡等」及び「特定仕入れ」です（法4①）。

1 資産の譲渡等

資産の譲渡等とは、事業として対価を得て行う資産の譲渡及び貸付け並びに役務の提供（特定資産の譲渡等に該当するものを除きます（法4①かっこ書））をいいます（法2①八、②）。

したがって、課税の対象となる資産の譲渡等とは、次に掲げる①から⑤の全ての要件を満たす取引が該当することになります。

① **国内において行う取引であること**
② **事業者が事業として行うものであること**
③ **対価を得て行うものであること**
④ **資産の譲渡、資産の貸付け又は役務の提供であること**
⑤ **特定資産の譲渡等に該当しないこと**

2 特定仕入れ

特定仕入れとは、事業として国外事業者から受けた特定資産の譲渡等（事業者向け電気通信利用役務の提供及び特定役務の提供）をいいます（法2①八の二、八の四、八の五、4①）。

2 「①　国内において行う取引」とは

消費税の課税の対象は、国内において行う取引です。

資産の譲渡等が国内で行われたかどうかは、次のとおり判定することになります。

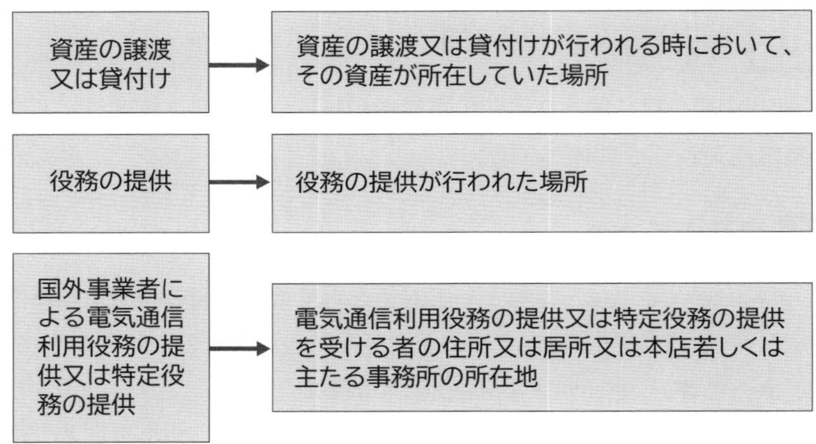

（注1）　船舶、航空機、特許権等の譲渡又は貸付けについては、その船舶等の登録をした機関の所在地等が国内にあるかどうかによって判定することになります（令6①）。

（注2）　運輸、通信等、その提供が国内と国外にわたって行われるものは、発送地又は到着地等の場所が国内であれば国内取引に該当することになります（令6②、基通5－7－13）。

3 「②　事業者が事業として行うもの」とは

消費税の課税の対象は、**事業者が事業**として行うものですから、事業者以外の者が行う取引は課税の対象とはなりません。

1 「事業者」とは

「事業者」とは、個人事業者（事業を行う個人）及び法人をいいます（法2①四）。

2 「事業として」とは

「事業として」とは、対価を得て行われる資産の譲渡等を反復、継続、独立して行うことをいいます（基通5－1－1）。

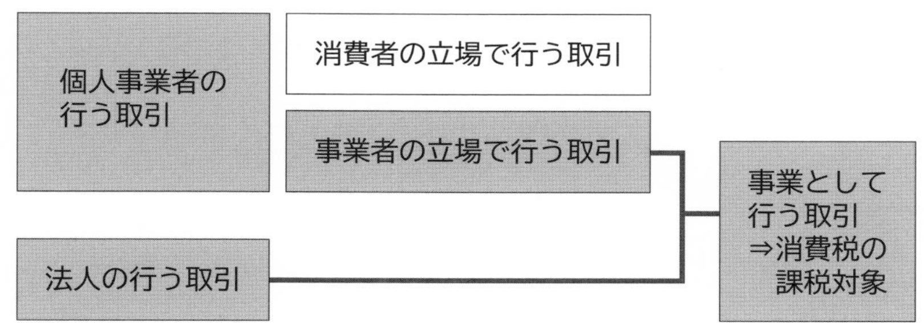

POINT

■「事業として」の範囲

- 法人が行う取引は、全て「事業として」行うものに該当します。
- 個人事業者の場合には、事業者、消費者の両方の立場で取引を行うことがありますが、事業者の立場で行う取引が「事業として」に該当することになります。したがって、例えば、家庭で使用していたテレビ等の家事用資産の売却などは「事業として」行う取引には該当しません。

■事業活動に付随して行われる取引

- 事業活動に付随して行われる取引も「事業として」行われるものに含まれますが（令２③）、それには、例えば、事業活動の一環として、又はこれに関連して行われる次のような取引が該当します（基通5－1－7）。

①　職業運動家、作家、映画・演劇等の出演者等で事業者に該当するものが対価を得て行う他の事業者の広告宣伝のための役務の提供

②　職業運動家、作家等で事業者に該当するものが対価を得て行う催物への参加又はラジオ放送若しくはテレビ放送等に係る出演その他これらに類するもののための役務の提供

③　事業の用に供している建物、機械等の売却

④　利子を対価とする事業資金の預入れ

⑤　事業の遂行のために行う取引先又は使用人に対する利子を対価とする金銭等の貸付け

⑥　新聞販売店における折込広告

⑦　浴場業、飲食業等における広告の掲示

4　「③　対価を得て行うもの」とは

「対価を得て行うもの」とは、資産の譲渡等に対して反対給付を受けることをいいます（基通5－1－2）。

したがって、無償による資産の譲渡等は、「みなし譲渡」に該当する場合を除き、課税の対象となりません。

POINT

■みなし譲渡

次の場合には、無償であっても、課税の対象となります（法4⑤）。

●　家事消費

個人事業者が棚卸資産又は棚卸資産以外の資産で事業の用に供していたものを家事のために消費し又は使用した場合におけるその消費又は使用。

「家事のために消費し又は使用した場合」とは、棚卸資産又は棚卸資産以外の資産で事業の用に供していたものを個人事業者又は個人事業者

と生計を一にする親族の用に消費又は使用した場合をいいます（基通5－3－1）。

● 役員に対する贈与

法人が資産をその役員に対して贈与した場合におけるその贈与。

なお、法人が役員に対して無償で行った資産の貸付け又は役務の提供については、みなし譲渡に該当しません（基通5－3－5）。

5 「④　資産の譲渡・貸付け・役務の提供」とは

資産の譲渡、貸付け又は役務の提供には、それぞれ次のものが該当します。

1 資産の譲渡

「資産の譲渡」とは、取引の対象となる一切の資産（棚卸資産や固定資産のような有形資産のほか、権利その他の無形資産も含まれます）について、売買その他の契約により、その同一性を保持しつつ、他人に移転することをいいます（基通5－1－3、5－2－1）。

（注）資産の交換は、資産の譲渡に該当します（基通5－2－1（注））。

2 資産の貸付け

「資産の貸付け」とは、賃貸借、消費貸借等の契約により、資産を他の者に貸し付けることをいい、資産に係る権利の設定その他他の者に資産を使用させる一切の行為をいいます。

また、不動産、無体財産権その他の資産に地上権、利用権等の権利を設定する行為も資産の貸付けに含まれます（法2②）。

3 役務の提供

「役務の提供」とは、請負その他の契約に基づいて労務、便益、その他のサービスを提供することをいい、例えば、土木工事、修繕、運送、保管、印刷、広告、仲介、興行、宿泊、飲食、技術援助、情報の提供、便益、出演、著述その他のサービスを提供することをいいます（基通5－5－1）。

6 「特定仕入れ」、「特定資産の譲渡等」とは

上記 1 2 でいう「特定仕入れ」とは、事業として国外事業者から受けた特定資産の譲渡等（事業者向け電気通信利用役務の提供及び特定役務の提供）をいい、国外事業者から受けた特定資産の譲渡等については、課税仕入れを行った事業者に納税義務が課されることとされています（リバースチャージ方式）（法2①八の二、八の四、八の五、4①）。

① 「事業者向け電気通信利用役務の提供」とは、国外事業者が行う電気通信役務のうち、役務の提供を受ける者が通常事業者に限られるものをいいます（法2①八の四）。

　この場合の「電気通信役務の提供」とは、電気通信回線を介して行われる著作物の提供その他の電気通信回線を介して行われる役務の提供をいいます（法2①八の三）。具体的には、インターネット等の電気通信回線を介して行われる電子書籍・音楽、ソフトウエアの提供、ネット広告の配信、クラウドサービスの提供などの役務の提供が該当します。

② 「特定役務の提供」とは、国外事業者が他の事業者に対して行う映画、演劇、音楽等の役務の提供をいいます（法2①八の五、

令2の2）。

したがって、特定資産の譲渡等に該当する事業者向け電気通信利用役務の提供及び特定役務の提供を受けた場合には、その特定資産の譲渡等を行った国外事業者に納税義務は課されず、その特定資産の譲渡等を受けた国内事業者に納税義務が課されることになります。そのため、その国内事業者は「特定仕入れ」として、その支払対価の額を課税標準額に算入するとともに、その支払対価の額に7.8／100を乗じた金額を税仕入れに係る消費税額として仕入控除税額の計算の対象とすることになります。

POINT

■適用除外

2割特例又は簡易課税制度を適用する事業者及び課税売上割合が95％以上である事業者は、特定資産の譲渡等を受けた場合であっても、経過措置により、当分の間、その特定仕入れはなかったものとされますから、確定申告に当たり、課税標準額及び仕入控除税額の計算のいずれにも含める必要はありません（平27年改正法附則42、44、基通11－4－6（注））。

 非課税取引とは

消費に負担を求めるという消費税の性格から、その課税の対象とすることになじまない取引や社会政策的配慮から課税することが適当でない取引については、非課税取引として消費税を課さないこととされています。国内において事業者が行う資産の譲渡等のうち、次のものが非課税取引に該当します（法6①、別表第二、二の二）。

1　非課税となる国内取引

1　消費税の課税の対象とすることになじまない取引

(1)　土地（土地の上に存する権利を含みます）の譲渡及び貸付け（一時的に使用させる場合等を除きます）

①　「土地の上に存する権利」とは、地上権、土地の賃借権、地役権、永小作権等土地の使用収益に関する権利をいいます（基通6－1－2）

②　土地の貸付けのうち、その貸付期間が1か月に満たない場合及び建物、駐車場、テニスコートその他の施設の利用に伴って土地が使用される場合など、短期の貸付け及び施設の貸付けと認められるものは、課税の対象となります（基通6－1－5）。

(2)　有価証券、有価証券に類するもの及び支払手段（収集品及び販売用のものを除きます）及び支払手段に類するものの譲渡

①　「有価証券」、「有価証券に類するもの」とは、例えば、次のも

のをいいます（基通6－2－1）。

なお、船荷証券、倉庫証券、複合運送証券又は株式、出資若しくは預託の形態によるゴルフ会員権等は非課税とされる有価証券に含まれず、課税の対象とされています（令9②、基通6－2－2）。

・国債証券、地方債証券、社債券、株券又は新株予約券証券
・投資信託又は外国投資信託の受益証券、貸付信託の受益証券
・コマーシャルペーパー、抵当証券、外国法人が発行する譲渡性預金証書
・証券の発行がない国債、地方債、社債、株式等
・合名会社、合資会社又は合同会社の社債の持分、協同組合等の組合員又は会員の持分等
・貸付金、預金、売掛金その他の金銭債権

②　「支払手段」、「支払手段に類するもの」とは、例えば、次のものをいいます（基通6－2－3）。

なお、これらのうち収集品や販売用のものは課税の対象とされています（令9③）。

・銀行券、政府紙幣、小額紙幣及び硬貨
・小切手（旅行小切手を含みます）、為替手形、郵便為替及び信用状
・約束手形
・電子マネー
・暗号資産（仮想通貨）

(3) 利子を対価とする貸付金その他の特定の資産の貸付け及び保険料を対価とする役務の提供等

例えば、次のものを対価とする資産の貸付け又は役務の提供が非課税とされています（基通6－3－1）。

①　国債、地方債、預金、貯金及び貸付金の利子

② 信用の保証料、保険料、手形の割引料、共済掛金
③ 集団投資信託、法人課税信託、退職年金信託及び特定公益信託等の収益の分配金
④ 相互掛金又は定期積金の給付補填金及び無尽契約の掛金差益
⑤ 割賦販売、ローン提携販売、割賦購入あっせんの手数料（契約においてその額が明示されているものに限ります）

(4) 郵便切手類、印紙及び証紙の譲渡

次のものが非課税とされています（基通6－4－1）。

① 日本郵便株式会社が行う郵便切手類又は印紙の譲渡
② 簡易郵便局、郵便切手類販売所又は印紙売りさばき所が行う郵便切手類又は印紙の譲渡
③ 地方公共団体又は売りさばき人が行う証紙の譲渡

(5) 物品切手等の譲渡

「物品切手等」とは、次の要件のいずれをも満たす証書をいい、その譲渡は非課税とされています（基通6－4－4）。「物品切手等」には、例えば、商品券、ビール券などのほか、プリペイドカードも該当します。

① 証書と引換えに一定の物品の給付若しくは貸付け又は特定の役務の提供を約するものであること
② 給付等を受けようとする者が証書と引換えに給付等を受けたことによって、その対価の全部又は一部の支払債務を負担しないものであること

(6) 国、地方公共団体等が法令に基づき徴収する手数料等に係る役務の提供

国、地方公共団体、公共法人、公益法人等が法令に基づいて行う、例えば、登記、登録、特許、免許、許可、認可、承認、認定、確認及び指定等の事務の手数料、特許料、申立料その他の料金に係る役務の

提供が非課税とされています（基通6－5－1）。

（7）外国為替業務に係る役務の提供

外国為替業務に係る役務の提供のうち、外国為替取引、対外支払手段の発行及び対外支払手段の売買又は債権の売買（本邦通貨をもって支払われる債権の居住者間の売買を除きます）の業務に係るものが非課税とされています（基通6－5－3）。

2 社会政策的配慮から非課税とされる取引

（1）公的な医療保障制度に係る療養、医療、施設療養又はこれらに類する資産の譲渡等

健康保険法、国民健康保険法等の規定に基づいて行われる社会保険医療等が非課税とされています（令14、基通6－6－1、平成元年大蔵省告示第7号）。

（2）介護保険法の規定に基づく介護サービス

介護保険法の規定に基づいて行われる居宅介護サービス費の支給に係る居宅サービス（訪問介護、通所介護等）、施設介護サービス費の支給に係る施設サービス（介護福祉施設サービス、介護保険福祉サービス等）及びこれらに類するサービス（地域密着型介護サービス、介護予防サービス等）が非課税とされています（令14の2、基通6－7－1～4、平成12年大蔵省告示第27号等）。

（3）社会福祉法等の規定に基づく社会福祉事業

社会福祉法に規定する社会福祉事業（第一種社会福祉事業、第二種社会福祉事業）、更生保護事業法に規定する更生保護事業、子ども・子育て支援法に規定する施設型給付費、地域型保育給付費等の支給に係る事業として行われる資産の譲渡等が非課税とされています（令14の3、基通6－7－5～9、平成3年厚生省告示第129号等）。

(4) 助産に係る資産の譲渡等

医師、助産師その他医療に関する施設の開設者による助産に係る資産の譲渡等が非課税とされています（基通6－8－1）。

(5) 埋葬料又は火葬料を対価とする役務の提供

墓地、埋葬等に関する法律に規定する埋葬に係る埋葬料又は火葬に係る火葬料が非課税とされています（基通6－9－1、2）。

(6) 身体障害者用物品の譲渡、貸付け等

義肢、視覚障害者用安全つえ等、身体障害者の使用に供するための特殊な性状、構造又は機能を有するものとして指定された物品の譲渡、貸付け、製作の請負及び修理が非課税とされています（令14の4、基通6－10－1～4、平成3年厚生省告示第130号）。

(7) 学校、専修学校、各種学校等における役務の提供

学校教育法に規定する学校、専修学校、各種学校及び職業能力開発校において行われる授業料、入学金・入園料、施設設備費、入学・入園検定料、在学証明・成績証明等に係る手数料を対価とする役務の提供が非課税とされています（令14の5、15、16、基通6－11－1～6）。

(8) 教科用図書の譲渡

学校教育法に規定する文部科学大臣の検定を受けた教科用図書（検定済教科書）又は文部科学大臣が著作の名義を有する教科用図書の譲渡は、非課税とされています（基通6－12－1）。

(9) 住宅の貸付け

住宅の貸付けは、非課税とされています。

この場合の「住宅」には、人の居住の用に供する家屋又は家屋のうち人の居住の用に供する部分をいい、一戸建ての住宅のほか、マンション、アパート、社宅、寮等が含まれます。

また、「住宅の貸付け」とは、契約において人の居住の用に供することが明らかにされているもの（契約において貸付けに係る用途が明

らかにされていない場合であって、その貸付け等の状況からみて人の居住用であることが明らかなものを含みます）に限られます。ただし、その貸付けの期間が1か月に満たない場合、又はその貸付けが旅館業法に規定する旅館業に係る施設の貸付けに該当する場合（旅館、ホテル等）は非課税とはなりません（令16の2）。

2 非課税となる外国貨物

国内における非課税取引とのバランスを図るため、保税地域から引き取られる外国貨物のうち、有価証券等、郵便切手等、印紙、証紙、物品切手等、身体障害者用物品、教科用図書については、非課税とされています。

 免税取引とは

消費税は、国内において物品やサービスに対して税負担を求めるものですから、輸出して国外で消費される物品や国際輸送、国際通信など輸出類似取引については、消費地課税主義（仕向地主義）の観点から、消費税の課税を免除することとされています（法7、8)。

これらの消費税の課税が免除される取引を免税取引といいます。

1 免税取引の範囲

課税事業者が国内において行う課税資産の譲渡等のうち、次に掲げるものが免税取引に該当します（法7①、令17、基通7－2－1)。

なお、その行った輸出取引等が免税取引とされるためには、輸出許可書、税関長の証明書又は輸出の事実を記載した帳簿や書類を保存する必要があります（規則5、基通7－2－23)。

① 国内からの輸出として行われる資産の譲渡又は貸付け

② 外国貨物の譲渡又は貸付け

③ 国内と国外との間で行われる旅客若しくは貨物の輸送又は通信（国際輸送、国際通信）

④ 国内と国外の間の郵便又は信書便（国際郵便）

⑤ 船舶運航事業者等の求めに応じて行われる外航船舶等の修理

⑥ 国内と国外の間又は国外と国外の間の貨物輸送用のコンテナーの譲渡、貸付けで船舶運航事業者等に対するもの又はコンテナーの修理で船舶運航事業者等の求めに応じて行われるもの

⑦ 外航船舶等の水先、誘導、その他出入港若しくは離着陸の補助

又は入出港、離着陸、停泊若しくは駐機のための施設の提供に係る役務の提供等で船舶運航事業者等に対して行われるもの

⑧　外国貨物の荷役、運送、保管、検数、鑑定等の役務の提供

⑨　非居住者に対する鉱業権、工業所有権、著作権、営業権等の無体財産権の譲渡又は貸付け

⑩　非居住者に対する役務の提供で次に掲げるもの以外のもの

（イ）　国内に所在する資産に係る運送又は保管

（ロ）　国内における飲食又は宿泊

（ハ）（イ）又は（ロ）に準ずるもので国内において直接便益を享受するもの

2　輸出物品販売場における免税販売

輸出物品販売場を経営する事業者が、外国人旅行者などの免税購入対象者に対して、「通常生活の用に供する物品」を所定の方法により販売する場合には、消費税が免除されます。

なお、輸出物品販売場における物品の譲渡のうち、免税販売の対象となるのは、「通常生活の用に供する物品」で、同一の免税購入対象者に対して同一の日にその免税購入対象者に販売する対価の額の合計額が「一般物品（消耗品以外のもの）」については5,000円以上、「消耗品」については5,000円以上50万円以下の場合に限られます。

（注）「消耗品」とは、食料品、飲料類、薬品類、化粧品類その他の消耗品をいい、「一般物品」とは消耗品以外の物品をいいます。

3　その他の免税取引

上記 1 及び 2 の消費税法で規定されている免税取引のほか、租

税特別措置法などで規定されている免税取引がありますが、その主なものは次のとおりです。

①　外航船舶等に積み込む物品の譲渡（措法85①）

②　外国公館等に対する課税資産の譲渡（措法86①）

③　海軍販売所等に対する物品の譲渡（措法86の2①）

④　合衆国軍隊等に対する資産の譲渡等（日本国とアメリカ合衆国との間の相互協力及び安全保障条約第6条に基づく区域並びに日本国における合衆国軍隊の地位に関する協定の実施に伴う所得税法等の臨時特例に関する法律7①）

V 納税義務者

国内取引における納税義務者は個人事業者及び法人、輸入取引における納税義務者は、課税貨物を保税地域から引き取る者です。

ただし、国内取引に係る消費税の納税義務については、小規模事業者の納税事務負担等に配慮して納税義務を免除する規定（事業者免税点制度）が設けられています。

1 国内取引における納税義務者

国内取引における納税義務者は、国内において課税資産の譲渡等（特定資産の譲渡等に該当するものを除きます）及び特定仕入れ（事業として他の者から受けた特定資産の譲渡等をいいます）を行った事業者です（法5①）。

なお、事業者とは、個人事業者及び法人をいい（法2①四）、この場合の個人事業者とは事業を行う個人をいいます。

したがって、製造業、卸売業、小売業、サービス業を営む者や、作家、タレントなどのほか、国、地方公共団体、公共法人、公益法人及び人格のない社団なども課税資産の譲渡等を行えば、納税義務者に該当することになります。

また、給与所得者が副業で不動産の賃貸やインターネットビジネスを行う場合なども事業に該当し、納税義務者になります。すなわち、所得税法上、事業所得に該当せず、雑所得に区分されるものであっても消費税法上は事業に該当することになります。

2 輸入取引における納税義務者

輸入取引における納税義務者は、課税貨物を保税地域から引き取る者です（法5②）。

なお、輸入取引については、事業者に限らず、消費者である個人が課税貨物を引き取る場合も納税義務者となります。

3 小規模事業者の納税義務の免除（事業者免税点制度）

小規模事業者の納税事務負担等に配慮し、その課税期間の**基準期間**における課税売上高が1千万円以下の事業者は、その課税期間の消費税の納税義務が免除されます（法9①）。

（注）　個人事業者の課税期間は、1月1日から12月31日までの期間をいい（法19①一）、法人の課税期間は、その法人の事業年度をいいます（法19①二）。

1 基準期間とは

課税売上高が1千万円以下であるかどうかを判定する期間である基準期間とは、次のとおりとされています。

①　個人事業者……その年の前々年

②　法　　　人……その事業年度の前々事業年度

（注）　その前々事業年度が1年未満である法人は、その事業年度開始の日の2年前の日の前日から同日以後1年を経過する日までの間に開始した各事業年度を合わせた期間をいいます。

2 基準期間における課税売上高とは

基準期間における課税売上高とは、基準期間中に国内において行った課税資産の譲渡等の対価の額（税抜き）から売上げに係る対価の返還等の金額（税抜き）を控除した金額です（法9②一）。

なお、基準期間である課税期間が免税事業者であった場合には、その課税期間の課税売上高には消費税及び地方消費税が課税されていないことから、基準期間の課税売上高について税抜計算を行うことなく、その金額が基準期間の課税売上高となります（基通1－4－5）。

4　基準期間の課税売上高が1千万円以下であっても納税義務が免除されない場合

原則として、基準期間の課税売上高が1千万円以下の場合には、納税義務が免除されることになりますが、**免税事業者がインボイス発行事業者の登録をした場合や自ら課税事業者を選択する場合**のほか、納税義務が免除されない特例が設けられています。

これらの特例は、税の公平性を確保するほか、事業者免税点制度を利用した租税回避行為を防止するために設けられているもので一定の事実が生じた場合にその課税期間の納税義務を免除しないこととされています。

①　特定期間における課税売上高による納税義務の免除の特例（法9の2）
②　相続があった場合の納税義務の免除の特例（法10）
③　合併があった場合の納税義務の免除の特例（法11）
④　分割等があった場合の納税義務の免除の特例（法12）
⑤　新設法人の納税義務の免除の特例（法12の2）
⑥　特定新規設立法人の納税義務の免除の特例（法12の3）
⑦　調整対象固定資産を取得した場合の納税義務の免除の特例（法9⑦）
⑧　高額特定資産を取得した場合等の納税義務の免除の特例（法12の4）

1 免税事業者がインボイス発行事業者の登録をした場合

令和5年10月1日からのインボイス制度の導入により、「適格請求書発行事業者の登録申請書」を提出し、インボイス発行事業者の登録を受けた事業者については、その基準期間の課税売上高が1千万円以下であっても、その登録後の課税期間の納税義務は免除されず、課税事業者となります（法9①）。

2 免税事業者が課税事業者を選択した場合

基準期間における課税売上高が1千万円以下である免税事業者が、課税事業者を選択する旨の届出書（消費税課税事業者選択届出書）を提出した場合には、原則として、その提出した日の属する課税期間の翌課税期間以後は課税事業者となります（法9④）。

なお、課税事業者を選択した事業者は、その選択をやめようとするときには消費税課税事業者選択不適用届出書を提出する必要がありますが、この届出書は、事業を廃止した場合を除き、課税事業者を選択した課税期間の初日から2年を経過する日の属する課税期間の初日以後でなければ提出することができませんから、課税事業者を選択した場合には2年間は課税事業者として申告を行う必要があります。

3 特定期間における課税売上高による納税義務の免除の特例

個人事業者のその年又は法人のその事業年度の基準期間における課税売上高が1千万円以下である場合において、その個人事業者のその年又はその法人のその事業年度に係る特定期間における課税売上高が1千万円を超えるときは、その個人事業者のその年又はその法人のその事業年度については、納税義務は免除されません。

なお、特定期間における課税売上高に代えて、特定期間中に支払った給与等の支払金額の合計額によって判定することもできます。

したがって、特定期間における課税売上高が1千万円を超える場合であっても、特定期間における給与等の支払金額の合計額が1千万円以下であるときは、免税事業者に該当することを選択することができます。

(1) 特定期間とは

特定期間とは、個人事業者及び法人の区分に応じ、次の期間が特定期間とされています（法9の2④、令20の5）。

① 個人事業者……その年の前年1月1日から6月30日までの期間

② 法　　　人……

（イ） その事業年度の前事業年度（短期事業年度を除きます）の事業年度開始の日以後6か月の期間

（ロ） その事業年度の前事業年度が短期事業年度である場合には、その事業年度の前々事業年度（その事業年度の基準期間に含まれるもの等を除きます）開始の日以後6か月の期間（前々事業年度が6か月以下の場合には、その前々事業年度開始の日からその終了の日までの期間）

（注）「短期事業年度」とは、次のいずれかに該当する前事業年度をいい、これらに該当する前事業年度は特定期間に該当しないことになります（令20の5①）。

① 事業年度が7か月以下である場合

② 事業年度が7か月を超え8か月未満で、事業年度開始の日以後6か月の期間の末日の翌日から事業年度終了の日までの期間が2か月未満の場合

(2) 給与等の支払金額の合計額

特定期間における課税売上高に代えることができる「給与等の支払金額の合計額」とは、特定期間中に支払った所得税法に規定する支払明細書に記載すべき給与等の金額に相当するものの合計額をいい（法

9の2③)、具体的には実際に支払った給与、賞与等の金額の合計額をいいますから、未払給与等や所得税が非課税とされる通勤手当、旅費等は含まれません。

4 相続、合併、分割等があった場合の納税義務の免除の特例

相続、合併、分割等によって事業を承継した場合には、被相続人、被合併法人、分割親法人の課税売上高を基に納税義務の判定を行う特例が設けられています。

5 新設法人の納税義務の免除の特例

その事業年度の基準期間がない法人（社会福祉法人を除きます）のうち、その事業年度開始の日における資本金の額又は出資の金額が1千万円以上である法人（新設法人）については、その基準期間がない事業年度の納税義務は免除されません（法12の2）。

なお、この特例には、基準期間がない事業年度における資本金の額又は出資の金額が1千万円以上である法人が該当しますから、法人の設立事業年度に限らず、その設立した事業年度の翌事業年度以後の事業年度であっても、基準期間がない事業年度開始の日における資本金の額又は出資の金額が1千万円以上である場合には、この特例の適用を受けることになります（基通1－5－15）。

また、この特例は、基準期間がない法人に適用されるものですから、基準期間ができた以後の課税期間の納税義務は、その課税期間の基準期間の課税売上高が1千万円を超えるかどうかで判定することになります。

6 特定新規設立法人の納税義務の免除の特例

その事業年度の基準期間がない法人で、その事業年度開始の日にお

ける資本金の額又は出資の金額が1千万円未満の法人（新規設立法人）のうち、その事業年度開始の日において次の要件のいずれにも該当する法人（特定新規設立法人）については、その基準期間がない事業年度に含まれる各課税期間の納税義務は免除されません（法12の3①）。

①　その基準期間がない事業年度開始の日において、他の者によりその新規設立法人の株式等の50％超を直接又は間接に保有される場合など、他の者によりその新規設立法人が支配される一定の場合（特定要件）に該当すること

②　①の特定要件に該当するかどうかの判定の基礎となった他の者及びその他の者と一定の特殊な関係にある法人のうちいずれかの者（判定対象者）のその新規設立法人のその事業年度の基準期間に相当する期間（基準期間相当期間）における課税売上高が5億円を超えていること

なお、この特例は、基準期間がない法人に適用されるものですから、基準期間ができた以後の課税期間の納税義務は、その課税期間の基準期間の課税売上高が1千万円を超えるかどうかで判定することになります。

7 調整対象固定資産を取得した場合の納税義務の免除の特例

課税事業者選択届出書を提出して課税事業者となった事業者が、その登録又は届出書の効力が生じた課税期間の初日から2年を経過する日までの間に開始した各課税期間（簡易課税制度を適用する課税期間を除きます）において、調整対象固定資産の課税仕入れ又は調整対象固定資産に該当する課税貨物を保税地域からの引取り（調整対象固定資産の課税仕入れ等）を行った場合には、事業を廃止した場合を除き、調整対象固定資産等の課税仕入れ等を行った日の属する課税期間初日

から3年を経過する日の属する課税期間の初日以後でなければ、「課税事業者選択不適用届出書」を提出することができないこととされています（法9⑦）。

すなわち、課税事業者を選択し、選択の効力が生じた日の属する課税期間から2年の間に調整対象固定資産の課税仕入れ等を行った場合には、それ以降3年間は課税事業者であることが強制され、法第33条《課税売上割合が著しく変動した場合の調整対象固定資産に関する仕入れに係る消費税額の調整》から法第35条《非課税業務用調整対象固定資産を課税業務用に転用した場合の仕入れに係る消費税額の調整》までの規定に該当する場合には、仕入れに係る消費税額の調整を行うことになります。

（注）　調整対象固定資産とは、棚卸資産以外の資産（建物、構築物、機械及び装置、船舶、航空機、車両及び運搬具、工具、器具及び備品、その他の資産）のうち、一の取引の単位（通常一組又は一式をもって取引の単位とされるものにあっては、一組又は一式）につき、課税仕入れに係る支払対価の額の110分の100に相当する金額、又は保税地域から引き取られるその資産の課税標準である金額が100万円以上のものをいいます（法2①一六、令5①、基通12－2－1～5）。

8 高額特定資産を取得した場合の納税義務の免除の特例

課税事業者が、簡易課税制度の適用を受けない課税期間中に高額特定資産の課税仕入れ又は高額特定資産に該当する課税貨物の保税地域からの引取り（高額特定資産の仕入れ等）を行った場合には、その高額特定資産の仕入れ等の日の属する課税期間の翌課税期間からその高額特定資産の仕入れ等の日の属する課税期間の初日以後3年を経過する日の属する課税期間までの各課税期間においては、納税義務は免除されません（法12の4）。

すなわち、高額特定資産の仕入れ等を行った日の属する課税期間の翌課税期間（2年間）の基準期間の課税売上高が1千万円以下となったとしても免税事業者には該当しないことになります。

（注）　高額特定資産とは、一の取引の単位（通常一組又は一式をもって取引の単位とされるものにあっては、一組又は一式）につき、課税仕入れに係る支払対価の額の110分の100に相当する金額、又は保税地域から引き取られるその資産の課税標準である金額が1千万円以上の棚卸資産又は調整対象固定資産をいいます。

課税期間

1 課税期間

課税期間とは、個人事業者については暦年、法人については事業年度とされ、消費税の納付税額の計算を行う期間をいいます（法19①）。事業者は、この課税期間中に行った課税資産の譲渡等を基に納付税額の計算を行うことになります。

① 個人事業者が年の中途で事業を開始した場合であっても、課税期間の開始の日はその年の1月1日となります。また、事業を廃止した場合についても、事業を廃止した日にかかわらず、その年の12月31日までが課税期間となります（基通3－1－1・2）。

② 新たに設立された法人の最初の課税期間の開始の日は、法人の設立の日となります。この場合の設立の日は、設立の登記により成立する法人にあっては設立の日、行政官庁の認可又は許可によって成立する法人にあってはその認可又は許可の日をいいます（基通3－2－1）。

2 課税期間の特例

事業者は、消費税課税期間特例選択・変更届出書を所轄税務署長に提出することにより、課税期間を1か月ごと又は3か月ごとに短縮することができます（課税期間の特例、法19①三～四の二）。

また、課税期間の特例を選択した事業者は、2年間はその適用を継続する必要がありますが（法19⑤）、その後、消費税課税期間特例選択不適用届出書を提出することにより、原則の課税期間に戻ることができます（法19③）。

 納税義務の成立

消費税の納税義務は、国内取引については課税資産の譲渡等を行った時、輸入取引については課税貨物を保税地域から引き取った時に成立することとされています（通則法15②七）。

1 国内取引についての納税義務の成立

国内取引についての納税義務は、原則として、課税資産の譲渡等を行ったときに成立しますが、その成立の時期は、所得税や法人税の所得金額の計算における収益の計上の時期と基本的には同様となり、取引の態様ごとに納税義務の成立時期はそれぞれ次のとおりです。

取引の態様	納税義務の成立時期
①　棚卸資産の譲渡	その引渡しのあった日
②　固定資産（工業所有権等を除きます）の譲渡	その引渡しのあった日
③　工業所有権等の譲渡又は実施権の設定	その譲渡又は実施権の設定に関する契約の効力発生の日
④　請負 ・物の引渡しを要するもの ・物の引渡しを要しないもの	 その目的物の全部を完成し、相手方に引き渡した日 その約した役務の全部の提供を完了した日
⑤　人的役務の提供（請負を除きます）	その約した役務の全部の提供を完了した日
⑥　資産の貸付け ・契約又は慣習により使用料等の支払日が定められているもの	 その支払を受けるべき日

・支払日が定められてないもの	その支払を受けた日（請求があったときに支払うべきものとされているものにあっては、その請求日）

2 輸入取引についての納税義務の成立

保税地域から引き取られる課税貨物に係る消費税の納税義務は、課税貨物を保税地域から引き取る時に成立します。

 課税標準と税率

課税標準とは、税額を計算する際の算定基準のことをいいます。例えば、所得税の納税義務は、暦年ごとに成立し、その課税標準は、暦年の「所得」とされていますが、消費税の納税義務は、国内取引については課税資産の譲渡等を行った時に成立することになります（通則法15②七）。その成立する納税義務（税額）を計算する基準となる金額（課税標準）は、個々の課税資産の譲渡等の対価の額（税抜き）となります。

1　国内取引に係る課税標準

1　課税資産の譲渡等に係る課税標準

課税資産の譲渡等に係る課税標準は、課税資産の譲渡等の対価の額（税抜き）です（法28①）。

「課税資産の譲渡等の対価の額」とは、課税資産の譲渡等の対価として収受し、又は収受すべき一切の金銭又は金銭以外の物若しくは権利その他経済的利益の額とし、消費税及び地方消費税に相当する額を含まないものとされています。

また、この場合の「収受すべき」とは、原則として、その課税資産の譲渡等を行った場合のその課税資産の譲渡等の価額（時価）をいうのではなく、その譲渡等に係る当事者間で授受することとした対価の額をいいます（基通10－1－1）。

2 特定課税仕入れに係る課税標準

課税の対象とされる特定課税仕入れに係る課税標準は、特定課税仕入れに係る支払対価の額です（法28②）。

「特定課税仕入れに係る支払対価の額」とは、特定課税仕入れにつき、対価として支払い、又は支払うべき一切の金銭又は金銭以外の物若しくは権利その他経済的利益の額をいいます。

3 課税標準の特例

次に掲げる資産の譲渡等に係る課税標準は、それぞれ次のとおりとされています。

（1）法人の役員に対する低額譲渡

法人が資産をその役員に譲渡した場合において、その対価の額が譲渡の時における資産の価額に比し著しく低いときは、その価額に相当する金額がその対価の額とみなされます（法28①ただし書）。

「資産の価額に比し著しく低いとき」とは、法人のその役員に対する資産の譲渡に係る対価の額が、その譲渡の時における通常他に販売する価額のおおむね50％に相当する金額に満たない場合をいうこととされています。

なお、その譲渡に係る資産が棚卸資産である場合においては、その資産の譲渡金額が次の要件のいずれをも満たすときは、「資産の価額に比し著しく低いとき」には該当しないものとして取り扱うこととされています。

①　その資産の課税仕入れの金額以上であること

②　通常他に販売する価額のおおむね50％に相当する金額以上であること

ただし、法人が資産を役員に対し著しく低い価額により譲渡した場合においても、その資産の譲渡が、役員及び使用人の全部につき、一律又は勤続年数等に応ずる合理的な基準により、普遍的に定められた値引率に基づいて行われた場合は、この限りではないこととされています（基通10－1－2）。

（2）個人事業者による家事消費

個人事業者が棚卸資産又は棚卸資産以外の資産で事業の用に供していたものを家事のために消費し、又は使用した場合の棚卸資産等に係る課税標準は、その消費又は使用した資産の価額に相当する金額となります（法28③一）。

（3）法人の役員に対する資産の贈与

法人が資産をその役員に対して贈与した場合の資産の譲渡の課税標準は、その贈与した資産の価額に相当する金額となります（法28③二）。

（4）代物弁済

代物弁済による資産の譲渡に係る課税標準は、その代物弁済により消滅する債務の額（その代物弁済により譲渡される資産の価額がその債務の額を超える額に相当する金額につき支払を受ける場合は、その支払を受ける金額を加算した金額）に相当する金額となります（法45②一）。

（5）負担付贈与

負担付贈与による資産の譲渡に係る課税標準は、その負担付贈与に係る負担の額に相当する金額となります（令45②二）。

（6）金銭以外の資産の出資

金銭以外の出資に係る課税標準は、その出資により取得する株式（出資を含みます）の取得の時における価額に相当する金額となります（令45②三）。

（7）資産の交換

資産の交換に係る課税標準は、その交換により取得する資産の取得の時における価額（その交換により譲渡する資産の価額とその交換により取得する資産の価額との差額を補うために金銭を取得する場合はその取得する金銭の額を加算した金額とし、その差額を補うための金銭を支払う場合はその支払う金銭の額を控除した金額）に相当する金額となります（令45②四）。

なお、交換の当事者が交換に係る資産の価額を定め、相互に等価であるとして交換した場合において、その定めた価額が通常の取引価額と異なるときであっても、その交換がその交換をするに至った事情に照らし、正常な取引条件に従って行われたものであると認められるときは、これらの資産の価額は、その当事者間において合意されたところによることとされています（基通10－1－8）。

2　輸入取引に係る課税標準

保税地域から引き取られる課税貨物の課税標準は、関税課税価格（CIF価格）、消費税以外の個別消費税額（附帯税の額に相当する額を除きます）及び関税額（附帯税の額を除きます）の合計額とされています（法28④）。

課税標準に含まれる個別消費税とは、その課税貨物の保税地域からの引取りに係る酒税、たばこ税、揮発油税、地方揮発油税、石油ガス税及び石油石炭税が該当します（法28④、通則法2三）。

3　消費税の税率

消費税の税率は、標準税率が7.8％、飲食料品の譲渡、定期購読契約に基づく新聞の譲渡に適用される軽減税率が6.24％とされています（法29）。

また、消費税が課税される取引には、消費税と併せて地方消費税が消費税額の22/78の税率で課税されますから（地方税法72の83）、消費税と地方消費税を合わせた税率は、標準税率は10％、軽減税率は8％となります。

Ⅸ 課税標準額に対する消費税額

「課税標準額」とは、その課税期間中に行った課税資産の譲渡等の課税標準である金額の合計額をいいます。

「課税標準額に対する消費税額」の計算については、次のとおり、「割戻し計算」と「積上げ計算」の二つの方法があり、そのいずれかによって行うことになります。

1 割戻し計算（原則）

その課税期間中に行った課税資産の譲渡等の税込価額の合計額に110分の100を乗じて算出した金額に100分の7.8を乗じて計算します（法45）。

（1）課税標準額

課税資産の譲渡等の対価の額の合計額（税込み）× 100／110

（2）課税標準額に対する消費税額

課税標準額 × 7.8／100

(注)　軽減税率の対象となる課税資産の譲渡等がある場合には、課税標準額の計算については100／110に代えて100／108を、課税標準額に計算については7.8／100に代えて6.24／100を乗じて計算します。

2 積上げ計算（特例）

その課税期間中に行った課税資産の譲渡等について発行したインボイスに記載した消費税額等の額の合計額に100分の78を乗じて計算

します（法45⑤）。

課税標準額に対する消費税額　＝

**　インボイスに記載した消費税額等の合計額　×　78／100**

なお、課税標準額に対する消費税額の計算に当たり、積上げ計算を適用した場合には、仕入控除税額の計算における課税仕入れの消費税額の計算（47ページ）についても積上げ計算を適用する必要があります（基通15－2－1の2）。

控除税額の計算

消費税の納付税額の計算は、課税標準額に対する消費税額から国内において行った課税仕入れに係る消費税額及び保税地域から引き取った課税貨物に係る消費税額（以下「課税仕入れ等の税額」といいます）を控除する（仕入税額控除）することによって行います。

なお、仕入税額控除の適用を受ける事業者は納税義務のある事業者（課税事業者）に限られ、納税義務を免除された事業者（免税事業者）は、この控除の適用を受けることはできません。

1　課税仕入れに係る消費税額

1　課税仕入れの範囲

仕入税額控除の対象となる課税仕入れとは、国内において事業者が、事業として「他の者」から資産を譲り受け、若しくは借り受け、又は役務の提供を受けることをいいます（法2①一二、30①）。

「他の者」とは、課税事業者に限られず、免税事業者や消費者も含まれますから、これらの者から課税資産の譲渡等を受けた場合であっても課税仕入れに該当することになります。

ただし、令和5年10月1日以後は、原則として適格請求書発行事業者からの課税仕入れ以外は仕入税額控除の対象とはなりません。

また、次のものは、課税仕入れに該当せず、仕入税額控除の対象とはなりません。

（1）役員報酬、人件費、労務費、退職金等

ただし、使用人等の国内の出張、赴任等のために支給される出張旅費、宿泊費、日当のうちその旅行について通常必要であると認められる部分の金額や使用人等に支給される通勤手当のうち、その通勤に必要な交通機関の利用又は交通用具の使用のために支出する費用に充てるものとした場合に、その通勤に通常必要と認められる部分の金額は、課税仕入れに係る支払対価の額に該当するものとして取り扱われます（基通11－1－1、11－1－2、11－6－5）。

（2）非課税取引や免税取引に該当するもの

例えば、支払利息、支払地代、海外出張費、国際電話等が該当します。

（3）不課税取引に該当するもの

例えば、損害賠償金、配当金、保険金の支払等が該当します。

（4）個人事業者が家事消費するもの

なお、次の取引については、課税仕入れには該当するものの仕入税額控除の対象とはならないこととされています。

① 居住用賃貸の用に供する住宅の課税仕入れ……住宅の貸付けの用に供しないことが明らかな建物以外の建物であって高額特定資産又は調整対象自己建設高額特定資産に該当するもの（居住用賃貸建物）の課税仕入れ（法30⑩）

② 金又は白金の地金の課税仕入れ……課税仕入れの相手方の本人確認書類の写しの保存がない場合の金又は白金の課税仕入れ（法30⑪）

③ 密輸品の課税仕入れ……課税仕入れに係る資産が密輸入品であることを知りながら行った密輸入品の課税仕入れ（法30⑫）

2 課税仕入れ等の時期

仕入税額控除は、国内において課税仕入れを行った日又は保税地域から課税貨物を引き取った日の属する課税期間において行うことになります。

課税仕入れを行った日とは、課税仕入れに係る資産の譲受け若しくは借受けをした日又は役務の提供を受けた日となります（基通11－3－1）。

なお、課税仕入れに係る資産が減価償却資産や繰延資産に該当するものであっても、課税仕入れについては、その資産の課税仕入れを行った日の属する課税期間において一括して仕入税額控除の対象とすることになります（基通11－3－3、11－3－4）。

3 課税仕入れに係る消費税額

その課税期間中に国内において行った課税仕入れに係る消費税額の計算は、次のとおり、「割戻し計算」と「積上げ計算」の二つの方法があり、そのいずれかによって行うことになります。

（1）積上げ計算（原則）

課税仕入れの相手方から交付を受けたインボイスなどの請求書等に記載された消費税額等のうち課税仕入れに係る部分の金額の合計額に100分の78を乗じて計算します（請求書等積上げ計算、法30①、令46①）。

課税仕入れに係る消費税額 ＝

インボイスに記載された消費税額等の金額の合計額 × 78／100

また、税抜経理処理を採用し、課税仕入れの都度、仮払消費税額等を帳簿に計上している場合は、その金額の合計額に100分の78を乗じて計算する方法も認められています（帳簿等積上げ計算、令46②）。

（2）割戻し計算（特例）

課税仕入れに係る支払対価の額の合計額（税込み）に110分の7.8（軽減税率対象の課税仕入れについては108分の6.24）を乗じて計算します（法46③）。

なお、割戻し計算によって課税仕入れに係る消費税額の計算ができるのは、課税標準額に対する消費税額を割戻し計算している場合に限られます。

2 保税地域から引き取った課税貨物に係る消費税額

輸入取引については、課税貨物を保税地域から引き取った際、実際に納付した又は納付すべき消費税額が、課税貨物に係る消費税額となります。

3 仕入控除税額の計算

課税標準額に対する消費税額から控除することができる仕入控除税額の計算は、2割特例又は簡易課税制度を選択している事業者とその他の事業者で異なります（法30、37、平28改正法51の2①）。

仕入控除税額の計算の仕組みを図示すると次ページの図のとおりです。

●　仕入控除税額の計算方法

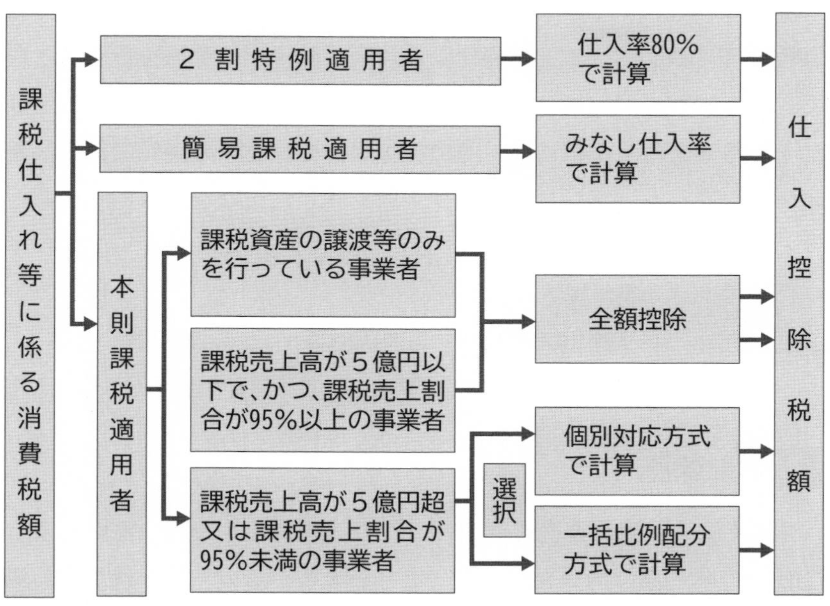

1　2割特例

2割特例とは、これまで免税事業者であった者がインボイス発行事業者として課税事業者となる場合の税負担、事務負担の軽減措置として、インボイス制度の開始から3年間、事業者の納付税額を課税標準額に対する消費税額の2割とする特例です。

課税標準額に対する消費税額の8割が仕入控除税額とみなされ、結果として2割が納付税額となることから2割特例と呼ばれています。

〈2割特例による納付税額の計算〉

納付税額　＝　課税標準額に対する消費税額　－　仕入控除税額＊1

＊1　課税標準額に対する消費税額×80%

2 簡易課税

簡易課税とは、基準期間における課税売上高が5千万円以下である課税期間について、本則課税による仕入控除税額の計算を行うことなく、その課税期間の課税標準額に対する消費税額（返品を受け、又は値引き等があった場合には、その売上対価の返還等の金額に係る消費税額を控除した残額）にみなし仕入率を乗じた金額を仕入控除税額とすることができる制度です。

〈簡易課税による納付税額の計算〉

納付税額　＝　課税標準額に対する消費税額　－　仕入控除税額＊2

＊2　課税標準額に対する消費税額×みなし仕入率

3 本則課税

2割特例又は簡易課税を適用しないで、課税仕入れ等の実額によって仕入控除税額の計算を行う方式をいいます。この方式を適用する場合の仕入控除税額の計算は、前ページの図のとおり、その課税期間の課税売上高が5億円以下であるか5億円超であるか、又はその課税期間の課税売上割合が95％以上であるかどうかによって異なります。

「課税資産の譲渡等のみを行っている事業者」及び「課税売上高が5億円以下で、かつ、課税売上割合が95％以上である事業者」は、その課税期間中に行った課税仕入れ等の消費税額の全額が仕入控除税額となりますが、「課税売上高が5億円を超える事業者」又は「課税売上割合が95％未満の事業者」は、個別対応方式又は一括比例配分方式で計算した金額が仕入控除税額となります。

4 売上対価の返還等を行った場合の消費税額の控除

課税資産の譲渡等（輸出免税の対象となるものを除きます）につき、

返品を受け、又は値引き、割戻しや割引を行ったことにより、その課税資産の譲渡等の金額（税込み）の全部若しくは一部の返還又はその課税資産の譲渡等の税込価額に係る売掛金その他の債権の額の全部又は一部の減額（以下「売上対価の返還等」といいます）をした場合には、売上対価の返還等をした課税期間の課税標準額に対する消費税額から、売上対価の返還等の金額に係る消費税額の合計額を控除します（法38①）。

売上対価の返還等に係る消費税額　＝

売上対価の返還等の金額（税込み）× 7.8/110＊3

＊3　軽減税率対象の場合は6.24/108

5 貸倒れに係る消費税額の控除

課税資産の譲渡等（輸出免税の対象となるものを除きます）を行った場合において、その課税資産の譲渡等の相手方に対する売掛金その他の債権につき債権の切捨て等「一定の事実」が生じたため、課税資産の譲渡等の税込価額の全部又は一部を領収することができなくなったときは、その領収できなくなった日の属する課税期間の課税標準額に対する消費税額から、その領収することができなくなった課税資産の譲渡等の税込価額に係る消費税額の合計額を控除します（法39①）。

なお、この控除の適用を受ける場合には、その貸倒れの事実が生じたことを証する書類を確定申告期限後7年間、保存する必要があります（法30②、規19）。

貸倒れに係る消費税額　＝　貸倒れになった金額（税込み）×7.8/110＊4

＊4　軽減税率対象の場合は6.24/108

また、この規定の適用を受けた事業者がその適用を受けた課税資産の譲渡等の税込価額の全部又は一部の領収をしたときは、その領収した税込価額に係る消費税額を課税標準額に対する消費税額に加算します（法39③）。

XI 消費税の申告・納付

1 国内取引に係る申告・納付

1 確定申告

課税事業者は、課税期間ごとに、その課税期間の末日の翌日から2か月以内に所轄税務署長に確定申告書を提出し、その申告に係る消費税額を納付することとされています（法45①、49）。ただし、個人事業者の確定申告書の提出期限及び納付期限については、翌年3月31日とされています（措法86の4）。

ただし、課税資産の譲渡等（輸出取引等、輸出免税の対象とされる課税資産の譲渡等を除きます）がなく、かつ、納付する税額がない課税期間については確定申告をする必要はありません（法45①ただし書）。

確定申告書に記載すべき事項は、次のとおりとされています（法45①）。

① その課税期間中に国内において行った課税資産の譲渡等（輸出取引等、輸出免税の対象とされる課税資産の譲渡等を除きます）に係る課税標準である金額の合計額（課税標準額）

② 課税標準額に対する消費税額

③ ②の課税標準額に対する消費税から控除される仕入れに係る消費税額、売上対価の返還等の金額に係る消費税額、特定課税仕入れに係る対価の返還等を受けた金額に係る消費税額及び貸倒れに係る消費税額の合計額

④　②の課税標準額に対する消費税額から③の仕入れに係る消費税額等の合計額を控除した残額又は控除不足額

⑤　中間申告を行っている場合には、④の残額から中間納付額を控除した残額又は控除不足額

⑥　①から⑤に掲げる金額の計算の基礎その他の事項

2 中間申告

直前の課税期間の確定消費税額の年税額が4,800万円を超える場合、400万円を超え4,800万円以下である場合、又は48万円を超え400万円以下である場合には、それぞれ中間申告を行い、その申告に係る消費税額を納付する必要がありますが（法42、43、48）、直前の課税期間の確定消費税額の年税額が48万円以下の事業者は、中間申告の必要はありません。

3 還付申告

課税事業者は、その課税期間の確定申告義務がない場合においても、仕入れに係る消費税額等又は中間納付額に係る控除不足額があるときは、確定申告を提出し、控除不足額の還付を受けることができます（法46）。

2 輸入取引に係る申告・納付

保税地域からの課税貨物の引取りに係る消費税については、その引取りを行う者が、その引取りの時までに申告書を所轄税関長に提出し、引取りに係る消費税額を納付することとされています（法47①、50①）。

3 地方消費税との同時申告・納付

地方消費税（譲渡割）の申告・納付期限は、消費税と同じであり、消費税と併せて所轄税務署長に確定申告を行うとともに、納付することとされています。

また、輸入取引に係る地方消費税（貨物割）についても、消費税と併せて所轄税関長に申告書を提出し、納付することとされています。

 地方消費税の概要

地方消費税は、消費税と同様に、その課税の対象を国内取引については課税資産の譲渡等、輸入取引については保税地域から引き取られる課税貨物とする地方税です。

地方消費税の概要は次のとおりです（地法72の78）。

1 課税標準

上記のとおり、地方消費税の課税の対象は、課税資産の譲渡等及び保税地域から引き取られる課税貨物とされていますが、課税標準は、国内取引（譲渡割）、輸入取引（貨物割）ごとに次のとおりとされています（地法72の77，72の82）。

1 国内取引（譲渡割）

課税資産の譲渡等に係る消費税額から仕入れ等に係る消費税額を控除した後の消費税（納付すべき消費税額）が課税標準となります。

すなわち、地方消費税の課税標準は、個々の課税資産の譲渡等の対価の額ではなく、消費税の確定申告により納付すべき消費税額となります。

2 輸入取引

保税地域から課税貨物の引取りにつき課される消費税額（納付すべき消費税額）が課税標準となります。

2 税率

地方消費税の税率は、消費税額の22／78とされています。

したがって、標準税率の場合には消費税率換算で2.2％となり、消費税率を合わせた税率は10％、軽減税率の場合には消費税率換算1.76％となり、消費税率と併せた税率は8％となります。

3 申告と納付

譲渡割に係る地方消費税は、個人事業者の場合は翌年3月31日までに、法人の場合は課税期間終了後2か月以内に消費税と同一の申告書・納付書により、消費税と併せて申告・納付を行うことになります。

第2章

インボイス制度の概要

令和5年10月1日から導入された適格請求書等保存方式（以下「インボイス制度」といいます）とは、複数税率が採用されている消費税において適正な課税を確保する観点から導入された仕入税額控除の方式のことをいいます。

インボイス制度の下では、課税仕入れを行った事業者が仕入税額控除の適用を受けるためには、その仕入れの事実を記載した帳簿とともに、仕入先である適格請求書発行事業者（以下「インボイス発行事業者」といいます）が発行する「適格請求書」（以下「インボイス」といいます）の交付を受けて保存する必要があります。

そのため、免税事業者や消費者からの課税仕入れについては、それらの者がインボイスを発行することができないことから、原則として仕入税額控除の対象とはなりません。

I　インボイスとは

インボイスとは、「売手が買手に対して正確な適用税率や消費税額等を伝えるために手段」であり、一定の事項が記載された請求書や納品書その他これらに類する書類をいいます（法57の4①、基通1－8－1）。

1　インボイスの記載事項

インボイスには、次に掲げる事項を記載しなければなりません。

- インボイス発行事業者の氏名又は名称及び登録番号（注）
- 取引年月日
- 取引内容
- 税率ごとに区分して合計した対価の額（税抜き又は税込み）及び適用税率
- 税率ごとに区分した消費税額等
- 書類の交付を受ける事業者の氏名又は名称

（注）登録番号は、T＋13桁の数字とされており、具体的には次のとおりです（基通1－7－2）。
・法人番号を有する事業者　T＋法人番号
・個人事業者、人格のない社団等　T＋13桁の数字（登録されることによって所轄税務署長から通知されます）

2 インボイス類似書類等の交付の禁止

インボイス制度の導入後も、消費税法上、免税事業者が交付する請求書等に「消費税額」を記載すること自体を禁止する規定はありませんが、免税事業者から仕入れを行う相手方において仕入税額控除の適用ができないことから、相手方が誤認しないよう、請求書等の記載内容について検討する必要があります。

なお、インボイス発行事業者以外の者（免税事業者など）が作成した請求書等で、インボイス発行事業者が作成したインボイスと誤認されるおそれのある書類（偽りの登録番号を記載したインボイス等）を交付することは禁止され、そのような請求書等を交付した事業者には罰則が設けられています（法57の5、65四）。

Ⅱ　インボイス発行事業者の登録

インボイス発行事業者となるためには、所轄税務署長に申請して登録を受ける必要があります(法57の2②、「適格請求書発行事業者の登録申請書」66、231ページ参照)。

なお、インボイス発行事業者の登録を受けることができるのは、課税事業者に限られ、免税事業者はインボイス発行事業者の登録を受けることはできません（基通1－7－1）。

1　免税事業者がインボイス発行事業者となる場合の経過措置

免税事業者がインボイス発行事業者の登録を受けるためには、原則として消費税課税事業者選択届出書を提出し、課税事業者となることを前提に登録申請を行う必要がありますが、次の経過措置が設けられています。

1　令和5年10月1日から登録を受ける免税事業者に対する経過措置

インボイス制度が導入される令和5年10月1日から登録を受けようとする事業者は、その前日の令和5年9月30日までに所轄税務署長に登録申請書を提出することにより（課税事業者選択届出書の提出は不要)、令和5年10月1日から登録を受けることができることとされていました。

● 免税事業者である個人事業者が令和5年10月1日から登録を受けるため、令和5年9月30日までに登録申請書を提出し、令和5年10月1日から登録を受けた場合の課税関係

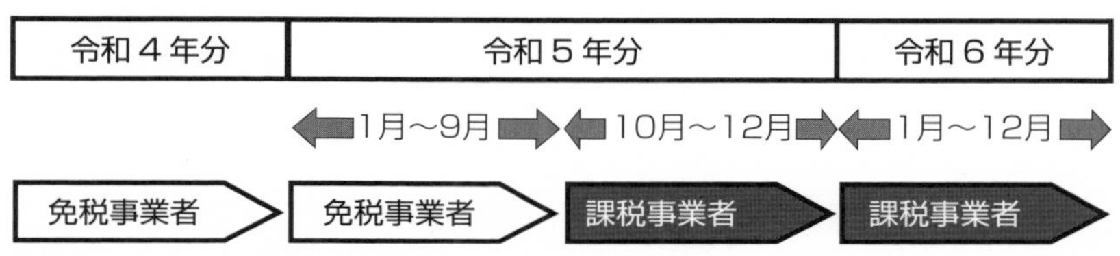

令和5年1月1日から9月30日までの期間は免税事業者です。

令和5年10月1日から12月31日までの期間以降は、インボイス発行事業者及び課税事業者となり、消費税の申告が必要となります。

2 令和5年10月1日後に登録を受ける免税事業者に対する経過措置

免税事業者が令和5年10月1日から令和11年9月30日までの日の属する課税期間中において、令和5年10月1日後に登録を受ける場合には、「適格請求書発行事業者の登録申請書」に登録希望日（提出日から15日以降の登録を受ける日として事業者が希望する日）を記載することで、その登録希望日から課税事業者となる経過措置が設けられています（28年改正法附則44④、改正令15②、基通21－1－1）。

この経過措置の適用を受けることとなる場合は、登録日から課税事業者となり、登録を受けるに当たり、消費税課税事業者選択届出書を提出する必要はありません。

なお、この経過措置の適用を受けてインボイス発行事業者の登録を受けた場合、基準期間の課税売上高にかかわらず、登録日から課税期間の末日までの期間について、課税事業者となり、消費税の申告が必要となります。

● 免税事業者である個人事業者が登録希望日を令和6年3月1日とする登録申請書を令和6年1月10日に提出し、希望日から登録を受けた場合の課税関係

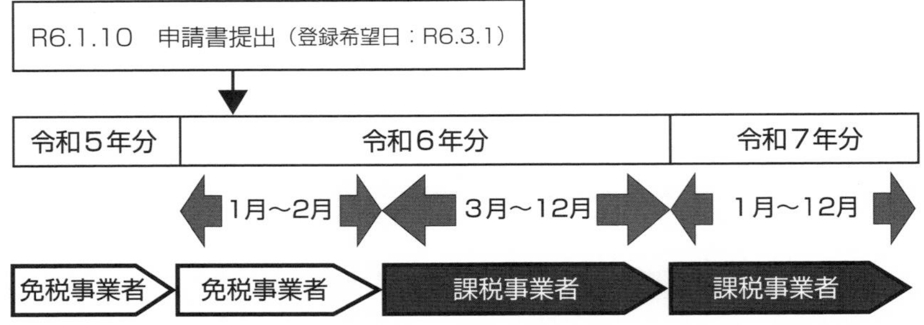

令和6年1月1日から2月29日までの期間は免税事業者です。

令和6年3月1日から12月31日までの期間以降は、インボイス発行事業者及び課税事業者となり、消費税の申告が必要となります。

2 上記の経過措置の適用期間を経過した後の課税期間

上記の経過措置の適用期間を経過した後の課税期間に登録を受ける場合は、原則どおり、消費税課税事業者選択届出書を提出し、課税事業者となる必要があります。

なお、免税事業者が課税事業者となることを選択した課税期間の初日からインボイス発行事業者の登録を受けようとする場合は、その課税期間の初日から起算して15日前の日までに、登録申請書を提出する必要があります（法57の2②、令70の2）。

●　免税事業者である個人事業者が登録日を令和12年1月1日とする場合の課税関係

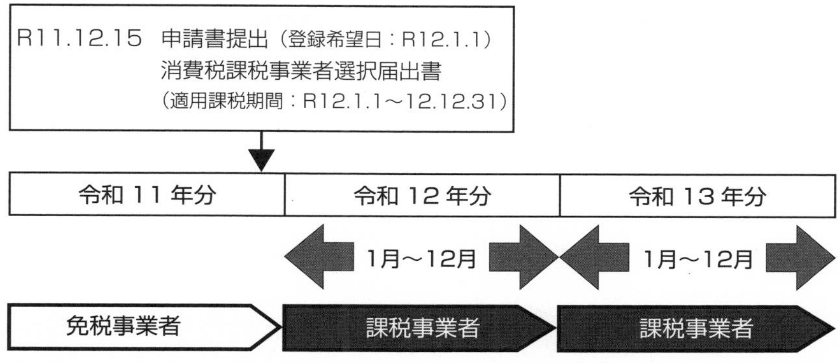

令和12年1月1日からインボイス登録事業者及び課税事業者となり、令和12年分以降について、消費税の申告が必要となります。

第１－(3)号様式

国内事業者用

適格請求書発行事業者の登録申請書

【１／２】

この申請書は、令和五年十月一日から令和十二年九月二十九日までの間に提出する場合に使用します。

収受印 令和　年　月　日	申請者	（フリガナ）	
		住所又は居所（法人の場合）本店又は主たる事務所の所在地	（〒　－　） ◎（法人の場合のみ公表されます） （電話番号　－　－　）
		（フリガナ）	
		納税地	（〒　－　） （電話番号　－　－　）
		（フリガナ）	
		氏名又は名称	◎
		（フリガナ）	
		（法人の場合）代表者氏名	
＿＿＿＿税務署長殿		法人番号	

この申請書に記載した次の事項（◎印欄）は、適格請求書発行事業者登録簿に登載されるとともに、国税庁ホームページで公表されます。
1　申請者の氏名又は名称
2　法人（人格のない社団等を除く。）にあっては、本店又は主たる事務所の所在地
なお、上記１及び２のほか、登録番号及び登録年月日が公表されます。
また、常用漢字等を使用して公表しますので、申請書に記載した文字と公表される文字とが異なる場合があります。

下記のとおり、適格請求書発行事業者としての登録を受けたいので、消費税法第57条の２第２項の規定により申請します。

事業者区分	この申請書を提出する時点において、該当する事業者の区分に応じ、□にレ印を付してください。 ※　次葉「登録要件の確認」欄を記載してください。また、免税事業者に該当する場合には、次葉「免税事業者の確認」欄も記載してください（詳しくは記載要領等をご確認ください。）。	
	□　課税事業者（新たに事業を開始した個人事業者又は新たに設立された法人等を除く。）	
	□　免税事業者（新たに事業を開始した個人事業者又は新たに設立された法人等を除く。）	
	□　新たに事業を開始した個人事業者又は新たに設立された法人等	
	□　事業を開始した日の属する課税期間の初日から登録を受けようとする事業者 ※　課税期間の初日が令和５年９月30日以前の場合の登録年月日は、令和５年10月１日となります。	課税期間の初日 令和　年　月　日
	□　上記以外の課税事業者	
	□　上記以外の免税事業者	
税理士署名	（電話番号　－　－　）	

※税務署処理欄	整理番号		部門番号		申請年月日	年　月　日	通信日付印 年　月　日	確認
	入力処理	年　月　日	番号確認		身元確認	□ 済 □ 未済	確認書類　個人番号カード／通知カード・運転免許証 その他（　）	
	登録番号	T						

注意　1　記載要領等に留意の上、記載してください。
2　税務署処理欄は、記載しないでください。
3　この申請書を提出するときは、「適格請求書発行事業者の登録申請書（次葉）」を併せて提出してください。

第１－(3)号様式次葉

国内事業者用

適格請求書発行事業者の登録申請書（次葉）

【２／２】

この申請書は、令和五年十月一日から令和十二年九月二十九日までの間に提出する場合に使用します。

氏名又は名称	

免税事業者の確認

該当する事業者の区分に応じ、□にレ印を付し記載してください。

□　令和11年９月30日までの日の属する課税期間中に登録を受け、所得税法等の一部を改正する法律（平成28年法律第15号）附則第44条第４項の規定の適用を受けようとする事業者
※　登録開始日から納税義務の免除の規定の適用を受けないこととなります。

個人番号				
事業内容等	生年月日（個人）又は設立年月日（法人）	１明治・２大正・３昭和・４平成・５令和　年　月　日	法人のみ記載　事業年度	自　月　日　至　月　日
			資本金	円
	事業内容		登録希望日	令和　年　月　日

	翌課税期間の初日
□　消費税課税事業者（選択）届出書を提出し、納税義務の免除の規定の適用を受けないこととなる翌課税期間の初日から登録を受けようとする事業者 ※　この場合、翌課税期間の初日から起算して15日前の日までにこの申請書を提出する必要があります。	令和　年　月　日

□　上記以外の免税事業者

登録要件の確認

課税事業者です。 ※　この申請書を提出する時点において、免税事業者であっても、「免税事業者の確認」欄のいずれかの事業者に該当する場合は、「はい」を選択してください。	□ はい　□ いいえ
納税管理人を定める必要のない事業者です。 （「いいえ」の場合は、次の質問にも答えてください。）	□ はい　□ いいえ

（納税管理人を定めなければならない場合（国税通則法第117条第１項）
【個人事業者】　国内に住所及び居所（事務所及び事業所を除く。）を有せず、又は有しないこととなる場合
【法人】　国内に本店又は主たる事務所を有しない法人で、国内にその事務所及び事業所を有せず、又は有しないこととなる場合）

納税管理人の届出をしています。 ［「はい」の場合は、消費税納税管理人届出書の提出日を記載してください。 消費税納税管理人届出書　（提出日：令和　年　月　日）］	□ はい　□ いいえ
消費税法に違反して罰金以上の刑に処せられたことはありません。 （「いいえ」の場合は、次の質問にも答えてください。）	□ はい　□ いいえ
その執行を終わり、又は執行を受けることがなくなった日から２年を経過しています。	□ はい　□ いいえ

相続による事業承継の確認

相続により適格請求書発行事業者の事業を承継しました。 （「はい」の場合は、以下の事項を記載してください。）	□ はい　□ いいえ

適格請求書発行事業者の死亡届出書		提出年月日	令和　年　月　日	提出先税務署	税務署
被相続人	死亡年月日	令和　年　月　日			
	（フリガナ） 納税地	（〒　－　）			
	（フリガナ） 氏名				
	登録番号	T			

参考事項	

Ⅲ インボイス発行事業者の登録の取りやめ

インボイス発行事業者は、所轄税務署長に「適格請求書発行事業者の登録の取消しを求める旨の届出書」（以下「登録取消届出書」といいます）（70ページ参照））を提出することにより、インボイス発行事業者の登録の効力を失わせることができます（法57の2⑩一）。

登録取消届出書を提出した場合には、原則として、その提出があった日の属する課税期間の翌課税期間の初日に登録の効力が失われることになります（法57の2⑩一）。

ただし、登録取消届出書を翌課税期間の初日から起算して15日前の日を過ぎて提出した場合には、翌々課税期間の初日に登録の効力が失われることにされています（令70の5③）。

なお、本来免税事業者であった事業者がインボイス発行事業者の登録を取りやめたとしても、直ちに免税事業者にならないケースがあることに留意する必要があります。

すなわち、「Ⅱ　インボイス発行事業者の登録」の「2　令和5年10月1日後に登録を受ける免税事業者に対する経過措置」の適用を受けて、インボイス発行事業者となった事業者については、登録日の属する課税期間の翌課税期間から登録日以後2年を経過する日の属する課税期間までの各課税期間については、免税事業者となることはできないこととされています（平28改正法附則44⑤）。

また、同じく「2　経過措置の適用期間を経過した後の課税期間」後に登録を受けた事業者については、消費税課税事業者選択届出書を提出してインボイス発行事業者の登録を受けています。この選択届出書を提出して課税事業者となった者は、その選択をした課税期間の初日から2年を経過する日の属する課税期間の初日以後でなければ、課税事業者を取りやめる届出書「消費税課税事業者選択不適用届出書」（71ページ参照）を提出できないこととされていますから（法9⑥)、課税事業者を選択して、インボイス発行事業者となった場合には、2年間は免税事業者となることはできないことになります。

第３号様式

適格請求書発行事業者の登録の取消しを求める旨の届出書

収受印

令和　年　月　日 ＿＿＿＿税務署長殿	届出者	（フリガナ）	
		納税地	（〒　－　） （電話番号　－　－　）
		（フリガナ）	
		氏名又は名称及び代表者氏名	
		法人番号	※ 個人の方は個人番号の記載は不要です。
		登録番号 T	

下記のとおり、適格請求書発行事業者の登録の取消しを求めますので、消費税法第57条の２第10項第１号の規定により届出します。

登録の効力を失う日	令和　年　月　日
	※ 登録の効力を失う日は、届出書を提出した日の属する課税期間の翌課税期間の初日となります。 ただし、この届出書を翌課税期間の初日から起算して15日前の日を過ぎて提出した場合には、翌々課税期間の初日に効力を失うこととなります。 登録の効力を失った旨及びその年月日は、国税庁ホームページで公表されます。
適格請求書発行事業者の登録を受けた日	令和　年　月　日
参考事項	
税理士署名	（電話番号　－　－　）

※税務署処理欄	整理番号		部門番号		通信日付印 年　月　日	確認	
	届出年月日	年　月　日	入力処理	年　月　日	番号確認		

注意　１　記載要領等に留意の上、記載してください。
　　　２　税務署処理欄は、記載しないでください。

第２号様式

消費税課税事業者選択不適用届出書

収受印

令和　年　月　日	届出者	（フリガナ）	
		納税地	（〒　－　） （電話番号　－　－　）
		（フリガナ）	
		氏名又は名称及び代表者氏名	
＿＿＿＿税務署長殿		個人番号又は法人番号	↓ 個人番号の記載に当たっては、左端を空欄とし、ここから記載してください。

下記のとおり、課税事業者を選択することをやめたいので、消費税法第９条第５項の規定により届出します。

①	この届出の適用開始課税期間	自 ○平成 ○令和　年　月　日　至 ○平成 ○令和　年　月　日
②	①の基準期間	自 ○平成 ○令和　年　月　日　至 ○平成 ○令和　年　月　日
③	②の課税売上高	円

※　この届出書を提出した場合であっても、特定期間（原則として、①の課税期間の前年の１月１日（法人の場合は前事業年度開始の日）から６か月間）の課税売上高が１千万円を超える場合には、①の課税期間の納税義務は免除されないこととなります。詳しくは、裏面をご覧ください。

課税事業者となった日	○平成 ○令和　年　月　日	
事業を廃止した場合の廃止した日	○平成 ○令和　年　月　日	
提出要件の確認	課税事業者となった日から２年を経過する日までの間に開始した各課税期間中に調整対象固定資産の課税仕入れ等を行っていない。	はい □
	※　この届出書を提出した課税期間が、課税事業者となった日から２年を経過する日までに開始した各課税期間である場合、この届出書提出後、届出を行った課税期間中に調整対象固定資産の課税仕入れ等を行うと、原則としてこの届出書の提出はなかったものとみなされます。詳しくは、裏面をご確認ください。	
参考事項		
税理士署名	（電話番号　－　－　）	

※税務署処理欄					
整理番号		部門番号			
届出年月日	年　月　日	入力処理	年　月　日	台帳整理	年　月　日
通信日付印 年　月　日	確認	番号確認	身元確認 □ 済 □ 未済	確認書類	個人番号カード／通知カード・運転免許証 その他（　）

注意　１．裏面の記載要領等に留意の上、記載してください。
２．税務署処理欄は、記載しないでください。

Ⅳ インボイス発行事業者の義務

1 インボイスの交付義務

インボイス発行事業者には、国内において課税資産の譲渡等を行った場合、取引の相手方（課税事業者に限ります）から求められた場合、インボイスを交付する義務があります（法57の4①）。

ただし、インボイスを交付することが困難な次の取引については、その交付義務が免除されています（令70の9②）。

① 公共交通機関である船舶、バス又は鉄道による旅客の運送（3万円未満のものに限ります）

② 媒介又は取次ぎに係る業務を行う者（卸売市場、農業協同組合、漁業協同組合又は森林組合等）が委託を受けて行う農林水産物の譲渡

③ 自動販売機、自動サービス機により行われる課税資産の譲渡等（3万円未満のものに限ります）

④ 郵便切手を対価とする郵便サービス（郵便ポストに差し出されたものに限ります）

2 インボイスの写しの保存義務

インボイス発行事業者には、その交付したインボイスの写し保存義務があります（法57の4⑥）。

インボイスの写しについては、その交付した日の属する課税期間の

末日の翌日から2月を経過した日から7年間、納税地又はその取引に係る事務所、事業所その他これらの準ずるものの所在地に保存する必要があります（令70の13①）。

 仕入税額控除の要件

インボイス制度の下では、原則として、一定の事項が記載された帳簿及びインボイス等の保存が仕入税額控除の要件となります（法30⑦）。

ただし、次に掲げる取引については、インボイスの保存は要せず、一定の事項が記載された帳簿のみの保存で仕入税額控除を行うことができます（法30⑦かっこ書、令49①、規15の4）。

① インボイスの交付義務が免除される取引（「Ⅳ　インボイス発行事業者の義務」参照）

② インボイスの要件を満たす入場券等が、使用の際に回収される取引

③ 古物営業を営む者がインボイス発行事業者でない者から古物を棚卸資産として取得する取引

④ 質屋を営む者がインボイス発行事業者でない者から流質物を棚卸資産として取得する取引

⑤ 宅地建物取引業を営む者がインボイス発行事業者でない者から建物を棚卸資産として取得する取引

⑥ インボイス発行事業者でない者から再生資源又は再生部品を棚卸資産として取得する取引

⑦ 従業員等に支給する通常必要と認められる出張旅費、宿泊費、日当及び通勤手当等に係る課税仕入れ

なお、令和5年10月1日から令和11年9月30日までの期間については、インボイス制度の定着までの実務に配慮し、一定規模以下の事

業者が行う1万円未満の課税仕入れについては、インボイスの保存を必要とせず、帳簿のみの保存で仕入税額控除ができるとする経過的な負担軽減措置（157ページ「❸　一定の規模以下の事業者の仕入税額控除の経過措置（少額特例）」参照）が設けられています（平28改正法附則53の2）。

Ⅵ 免税事業者等からの課税仕入れに係る経過措置

インボイス制度の下では、インボイス発行事業者以外の者（免税事業者、消費者等）からの課税仕入れについては、仕入税額控除を行うために必要なインボイス等の交付を受けることができないことから、仕入税額控除の対象とはなりません（法30⑦）。

しかし、インボイス制度の導入前においては、免税事業者等からの課税仕入れについても仕入税額控除の対象とされていたことを踏まえ、インボイス制度導入前後の緩和策として、次の経過措置が設けられています。

すなわち、事業者が国内において免税事業者等、インボイス発行事業者以外の者から行った課税仕入れについて、一定の事項が記載された帳簿及び請求書等を保存し、帳簿にこの経過措置の適用を受ける旨を記載している場合には、次のとおり仕入税額相当額の一定割合を仕入税額として控除することができることとされています（平28改正法附則52、53）。

期間	控除割合
令和5年10月1日から令和8年9月30日まで	仕入税額相当額の80%
令和8年10月1日から令和11年9月30日まで	仕入税額相当額の50%

Ⅶ 小規模事業者に係る納税額の計算の特例（2割特例）

免税事業者であった事業者がインボイス発行事業者として課税事業者となる場合の税負担・事務負担の軽減を図る観点から、インボイス制度への移行から3年間、その事業者の納税額を課税標準額に対する消費税額の2割とすることができる経過措置を講じられています（平28年改正法附則51の2）。

第3章

２割特例の選択・手続と留意点

2割特例の概要

2割特例とは、これまで免税事業者であった者がインボイス発行事業者として課税事業者となる場合の税負担、事務負担の軽減措置として、インボイス制度の開始から3年間、事業者の納付税額を課税標準額に対する消費税額の2割とする特例です（平28改正法附則51の2）。

〈2割特例による納付税額の計算〉

納付税額　＝

課税標準額に対する消費税額　－　仕入控除税額

課税標準額に対する消費税額　×　80%

課税標準額に対する消費税額の8割が仕入控除税額とみなされ、結果として2割が納付税額となることから「2割特例」と呼ばれています。

1　適用期間

適用期間は、令和5年10月1日から令和8年9月30日までの日の属する課税期間とされています。

そのため、免税事業者である個人事業者が令和5年10月1日に登録した場合には、令和5年分（令和5年10月から12月までの期間）から令和8年分までの4回分の申告について特例を適用することができます。

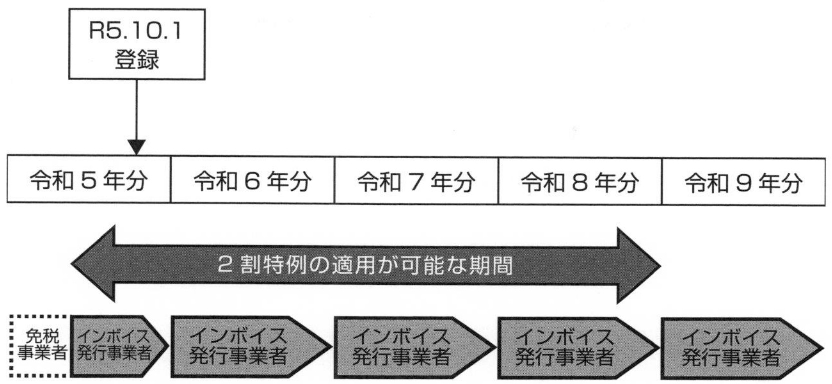

また、免税事業者である3月決算法人が令和5年10月1日に登録した場合には、令和6年3月期（令和5年10月から翌年3月までの期間）から令和9年3月期までの4回分の申告について特例を適用することができます。

2 適用対象者

2割特例が適用できる者は、インボイス発行事業者の登録を受けることにより、課税事業者となる者とされていますから、インボイス発行事業者の登録を受けない事業者は、この特例の対象とはなりません。

また、基準期間（個人事業者：前々年、法人：前々事業年度）における課税売上高が1千万円を超える場合、資本金1千万円以上の新設法人である場合、調整対象固定資産や高額特定資産を取得して仕入税額控除を行った場合など、インボイス発行事業者の登録とは関係なく事業者免税点制度の適用を受けないこととなる場合や、課税期間を1か月又は3か月に短縮する特例の適用を受けている場合についても、この特例を適用できないこととされています。

POINT

■2割特例の適用ができない者

- 納税義務の免除の特例に係る各規定の適用によって事業者免税点制度の適用を受けられない者（基準期間の課税売上高が1千万円を超える場合や新設法人の納税義務の免除の特例の適用がある場合など）
- インボイス発行事業者の登録を受けていない事業者
- 課税期間の特例の適用を受けている事業者

したがって、2割特例の対象期間中であっても、その課税期間の基準期間の課税売上高が1千万円を超えている場合には、2割特例の対象とはなりません。

例えば、個人事業者の場合で、令和5年10月1日から、インボイス発行事業者の登録をした場合の2割特例の適用関係は次のとおりです。

	令和3年分	令和4年分	令和5年分		令和6年分	令和7年分	令和8年分
(課税売上高)	1千万円以下	1千万円超	1千万円以下		1千万円以下	1千万円以下	1千万円以下
	免税事業者	免税事業者	免税事業者	特例適用可	特例適用不可	特例適用可	特例適用可

令和5年10月1日から12月31日までの期間については2割特例を適用することができますが、令和6年分についてはインボイス発行事業者の登録にかかわらず基準期間である令和4年分の課税売上高が1千万円を超えて課税事業者となるため、2割特例を適用することはできません。

3　2割特例の適用方法

2割特例の適用に当たり、事前の届出は必要なく、特例を適用する旨を確定申告書に付記することよって適用することができます（平28改正法附則51の2③)。

なお、2割特例を適用した後の課税期間について、この特例を継続適用する縛りはありませんので、その後の申告の段階で本則課税やその課税期間中に簡易課税制度選択届出書を提出していれば簡易課税を適用することも可能です。

4 簡易課税制度への移行

特例対象期間経過後は、いずれにしても簡易課税を選択するか本則課税にするかの判断をする必要が生じます。

簡易課税を選択しようとする場合には、原則としてその選択をしようとする課税期間の開始前に簡易課税制度選択届出書を提出する必要があります。

この点、2割特例の適用を受けたインボイス発行事業者については、その届出書の提出時期の特例が設けられています（平28改正法附則51の2⑥)。

すなわち、2割特例の適用を受けたインボイス発行事業者が、その適用を受けた課税期間の翌課税期間中に簡易課税制度選択届出書を提出した場合には、その提出をした課税期間から簡易課税を適用することができます。

例えば、令和4年分以前の課税売上高が1千万円以下で免税事業者であった者がインボイス発行事業者となった場合、令和5年分及び令和6年分は2割特例の対象となります。このとき、令和5年分の課税売上高が1千万円を超えた場合、令和7年分は2割特例の適用はできなくなりますが、令和7年中に簡易課税制度選択届出書を提出すれば、令和7年分について簡易課税制度を適用することができます。

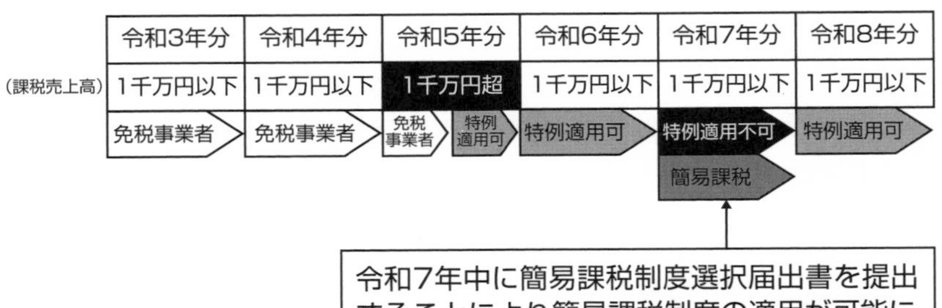

また、2割特例の適用期間は令和8年分で終了することになりますから、令和9年分については簡易課税を選択する者が多くなると考えられます。本来ならば令和9年分について簡易課税を適用するためには、その年分が開始する前（令和8年中）に簡易課税選択届出書を提出する必要がありますが、令和9年中に提出すれば、令和9年分から簡易課税を適用することができることとされています。

	令和6年分	令和7年分	令和8年分	令和9年分	令和10年分
（課税売上高）	1千万円以下	1千万円以下	1千万円以下	1千万円以下	1千万円以下
	特例適用可	特例適用可	特例適用可	簡易課税	簡易課税

令和9年中に簡易課税制度選択届出書を提出することにより簡易課税制度の適用が可能に

第 4 章

簡易課税制度の選択・手続と留意点

I 簡易課税制度の概要

簡易課税制度とは、基準期間における課税売上高が5千万円以下である課税期間について、原則課税による仕入控除税額の計算を行うことなく、その課税期間の課税標準額に対する消費税額（返品を受け、又は値引き等があった場合には、その売上対価の返還等の金額に係る消費税額を控除した残額）にみなし仕入率を乗じた金額を仕入控除税額とすることができる制度です（法37）。

なお、簡易課税制度を選択する場合には、その選択をしようとする課税期間の初日の前日までに簡易課税制度を選択する旨の届出書（消費税簡易課税制度選択届出書）を所轄税務署長に提出する必要があります。

ただし、2割特例の適用を受けたインボイス発行事業者が、令和5年10月1日から令和9年9月30日までの日の属する課税期間について、簡易課税制度選択届出書をその適用を受けた課税期間の翌課税期間中に提出した場合には、その提出した課税期間から簡易課税制度を適用することができる経過措置が設けられています（平成28年改正法附則51の2⑥）。

〈簡易課税による納付税額の計算〉

納付税額 ＝

課税標準額に対する消費税額 － 仕入控除税額

課税標準額に対する消費税額 × みなし仕入率

POINT

■簡易課税を適用できる事業者

簡易課税制度を適用できる事業者は、原則として、次の要件を満たしている事業者です。

① 「消費税簡易課税制度選択届出書」を提出していること

② その適用を受ける課税期間の基準期間における課税売上高が5千万円以下であること

 みなし仕入率

簡易課税を適用する場合の仕入控除税額の計算は、その課税期間の課税標準額に対する消費税額（売上対価の返還等の金額がある場合には、その金額に係る消費税額の合計額を控除した後の金額）にみなし仕入率を乗じて行います（法37①）。

みなし仕入率は、事業者が行う事業の区分に応じて、それぞれ次のとおりとされています（令57）。

事業区分	該当する事業	みなし仕入率
第1種事業	● 卸売業（他の者から購入した商品をその性質及び形状を変更しないで他の事業者に対して販売する事業をいいます）	90%
第2種事業	● 小売業（他の者から購入した商品をその性質及び形状を変更しないで販売する事業で第1種事業に該当しないもの、すなわち消費者に販売する事業をいいます） ● また、農業、林業及び漁業に該当する事業のうち、飲食料品の譲渡を行う事業は第2種事業に該当します。	80%
第3種事業	● 農業、林業、漁業、鉱業、建設業、製造業（製造小売業を含みます）、電気業、ガス業、熱供給業及び水道業をいい、第1種事業、第2種事業に該当するもの及び加工賃その他これに類する料金を対価とする役務の提供を行う事業を除きます。	70%
第4種事業	● 第1種事業、第2種事業、第3種事業、第5種事業及び第6種事業以外の事業。なお、第3種事業から除かれる加工賃その他これに類する料金を対価とする役務の提供を行う事業は第4種事業に該当します。	60%

第5種事業	●　運輸通信業、金融及び保険業、サービス業（飲食店業に該当する事業を除きます）をいい、第1種事業から第3種事業までの事業に該当するものを除きます。なお、飲食店業は、第4種事業に該当することになります。	50%
第6種事業	●　不動産業（第1種事業から第3種事業まで及び第5種事業に該当する事業を除きます）	40%

（注）第3種事業、第5種事業及び第6種事業に該当するかどうかの判定は、おおむね日本標準産業分類（総務省）の大分類に掲げる分類を基礎として行うこととされています（基通13－2－4）。

 事業区分の判定

事業者が行う事業が第1種事業から第6種事業までのいずれに該当するかの判定は、原則として、その事業者が行う課税資産の譲渡等ごとに、すなわち社会通念上の取引単位で判定することになります（基通13－2－1）。

ただし、資産の譲渡に伴い通常役務の提供が併せて行われる取引の場合で、その譲渡を行う事業者がその役務の提供の対価を受領していないと認められるときには、その取引の全体が資産の譲渡に係る事業に該当するものとして第1種事業から第6種事業までのいずれかの事業に該当するかを判定して差し支えないこととされています（同通達ただし書）。

各種事業区分の概要及びその具体的取扱いは、次のとおりです。

1　第1種事業

第1種事業とは、卸売業をいうこととされています（令57⑤一）。ただし、この場合の卸売業とは、他の者から購入した商品をその性質及び形状を変更しないで「他の事業者」に対して販売する事業をいうこととされていますから（令57⑥前段）、一般的な意味での卸売業よりも広い範囲の事業が該当することになります。

POINT

■具体的取扱い～業務用小売

業務用に消費される商品の販売（業務用小売）であっても、事業者に

対する販売は卸売業に該当することになります。例えば、飲食店等他の事業者への酒類等の販売は、卸売業に該当します。

2 第2種事業

第2種事業とは、小売業をいうこととされています（令57⑤二）。ただし、この場合の小売業とは、他の者から購入した商品をその性質及び形状を変更しないで販売する事業で、第1種事業以外のものをいうこととされていますから、（令57⑥後段）、他の者から購入した商品をそのまま消費者に販売する事業が該当することになります。

また、農業、林業及び漁業のうち、軽減税率の適用を受ける飲食料品の譲渡を行う事業も第2種事業に該当します（28年改正令附則11の2①）。

POINT

■具体的取扱い～製造小売

自己において商品を製造し、消費者に販売する製造小売業は、「他の者」から購入した商品を販売するものではありませんから、第2種事業には該当せず、第3種事業（製造業）に該当することになります。

1 「性質及び形状の変更」の取扱い

第1種事業及び第2種事業については、他の者から仕入れた商品の性質及び形状を変更しないで販売する事業をいいますから、原則として、他の者から購入した商品をそのまま販売する事業が該当することとなりますが、その具体的取扱いは次のとおりとなります。

●　販売付随行為

①　商品に名入れなどを行い、販売する場合

他の者から購入した商品に、商標、ネームなどを貼り付け、又は表示する行為は、性質及び形状を変更しないものとして取り扱われています。

したがって、例えば、ライター、タオル、カレンダーなどを仕入れ、その商品に販売先の求めに応じて名入れを行って販売する事業は、性質及び形状を変更しないものとして第1種事業又は第2種事業に該当します。

なお、商品の販売とは別に、名入れ料として料金を受領している場合の名入れ料については、第4種事業に該当することになります。

②　仕入商品の組立販売

自転車の販売のように、運送の利便のために分解されている部品等を単に組み立てて販売する場合など、仕入商品の組立販売と認められる事業は、第1種事業又は第2種事業に該当します。

③　組み合わせ販売

イ　仕入商品の組み合わせ販売

単品で市場流通性のある複数の商品を仕入れ、これを単に組み合わせてセット商品として販売する場合は、性質及び形状の変更はないものとして取り扱われます。

ロ　自己で製造した製品と仕入商品との組み合わせ販売

自己で製造した製品と仕入商品を組み合わせ、セット商品として販売する場合は、原則として第3種事業に該当します。

ただし、その組み合わせた商品についての売上げが単品ごとに区分できる状態にある場合で、かつ、その売上げを自己で製造した製品と仕入商品とに区分しているときには、その区分に応じてそれぞれ第3種事業と第1種事業又は第2種事業として取り扱うことができます。

④　混ぜ合わせ販売

イ　仕入商品の混ぜ合わせ販売

仕入商品を混ぜ合わせることによって新たな製品の製造となる場合（例えば、お茶と玄米を混ぜ合わせて玄米茶とする場合など）は、原則として第3種事業に該当します。

ただし、単品としても市場流通性のある同一種類の商品を、単に混ぜる程度（例えば、単にお茶どうしを混ぜて販売する場合）である場合には、性質及び形状の変更はないものとして取り扱われています。

ロ　自己で製造した製品と仕入商品との混ぜ合わせ販売

自己で製造した製品と仕入商品とを混ぜ合わせた場合は、新たな製品の製造として、全体が第3種事業に該当します。

2 「性質及び形状の変更」の有無の考え方

第1種事業及び第2種事業の判定における「性質及び形状の変更」の有無に関する取扱いの主なものは、次のとおりです。

（1）性質及び形状の変更はないものとして取り扱われるもの

①　肉のスライス及び魚を刺身にする行為

②　仕入れた玄米を精米にする行為

③　液状等の商品を小売販売用の容器に収容する行為

④　運搬の利便に資するために行う古紙、鉄屑、非鉄金属、空ビン、ボロ、廃車などを切断、プレス、破砕、梱包する行為

⑤　苗木の根に付いている「こも」をそのままの状態で、一旦土に埋め、そのままの状態で抜いて販売する行為

⑥　ガラスその他の商品を販売するために裁断する行為

⑦　鋼板（1 m×2 m）を取引先などからの注文により切断（5 cm×5 cm）する行為

(2) 性質及び形状の変更に該当するものとして取り扱われるもの

① ブロイラーを解体して焼鳥用に串に刺す行為

② 生サケから取り出した卵の塩漬け、又はその卵の薄皮を剝いでイクラにする行為

③ 生魚を塩水に漬け、味付けと保存性を持たせる行為

④ 生産者から購入した真珠の玉を、長期間染料に浸し染色する行為

⑤ 立木を取得し、育成した上で販売する行為

3 機械設備・備品等を据付販売する場合

事業区分の判定は、社会通念上の取引単位で判定することになりますから、機械設備・備品等の据付販売については、その取引に係る契約等からそれぞれ別個の取引と認められる場合には、機械等の販売はその取引形態により第1種事業から第3種事業のいずれかに区分し、その据付手数料を対価とする役務の提供は第5種事業に区分することになります。

なお、設備工事業者等が行う一括請負契約に基づく資産の譲渡は、第3種事業（設備工事業）に該当します。

4 物品の販売と修理の区分

物品の販売と修理の区分における取扱いは、次の点に留意する必要があります。

① 部品等の交換が、当該部品の販売を前提として取替えを行う実態にあるもの（例えば、タイヤの交換等）については、当該部品の販売と取付手数料等を区分している場合には、部品の販売を第1種事業又は第2種事業、取付手数料等を第5種事業として取り扱うことができますが、当該部品の販売と取付手数料等を区分して

いない場合には、全体が第5種事業に該当することになります（ただし、取付けが無償である場合は、全体が第1種事業又は第2種事業に該当します）。

② また、修理とは「傷んだり、壊れたりした物を繕い直す」ことを約する請負契約ですから、たとえ部品代金と修理手数料等を区分していても、その全体が第5種事業に該当します。

3 第3種事業

1 原則的な取扱い

第3種事業とは、農業、林業、漁業、鉱業、建設業、製造業（製造小売業を含みます）、電気業、ガス業、熱供給業及び水道業（以下「製造業等」といいます）をいい、第1種事業、第2種事業に該当するもの及び加工賃その他これに類する料金を対価とする役務の提供を行う事業を除くこととされています。

また、製造業の範囲は、おおむね日本標準産業分類の大分類に掲げる分類を基準に判定することとなります。

2 製造問屋における取扱い

製造問屋は、自らは製造を行わず、自ら調達した原材料を自己の責任と計算において下請業者等に支給し、製品を製造させるものですから、卸売業には該当せず、製造過程において他の事業者の外注作業が介入したとしても、自己が製造したのと同様であることから、第3種事業に該当することになります。

3 顧客から特注品の製造を受注し、下請先等に製造させ、納品する場合

消費税法上、卸売業又は小売業に該当するのは、「他の者から購入した商品をその性質及び形状を変更しないで販売する事業」をいいますから、商品の販売業者が顧客から特注品を受注し、下請先（又は外注先）等に当該製品を製造させ、顧客に納品する場合は、他から購入した商品を販売する事業には該当せず、顧客から当該特注品の製造を請け負ったものですから、原則として、第3種事業に該当します。

ただし、当該特注品が、いわゆるカタログ商品等通常販売している商品（既製品）に会社の名前等を入れる場合など、軽微な加工と認められる程度のものであり、当該契約に係る物品の仕入れ、販売として処理しているときには、当該卸売業又は小売業を営む事業者が製造問屋に該当しない限り、第1種事業又は第2種事業に該当するものとして取り扱うことが認められています。

4 建設業における事業区分

原則として、建設業は第3種事業に該当します。

ただし、元請等の指示に基づく人夫の提供や機械等のみを持参して行う人的役務の提供等、加工賃その他これに類する料金を対価とする役務の提供に該当する場合は、第4種事業に該当することになります。

5 建設業における工事の丸投げ

建設業者が請け負った工事を自ら行わないで、すべて下請業者に行わせるいわゆる工事の丸投げについては、その丸投げを行う建設業の元請も第3種事業に該当します。

6 印刷の丸投げ

印刷業者が受注した印刷を他の印刷業者に紙の調達、製版、印刷等印刷の全部を行わせ、できあがった印刷物を注文者に引き渡す印刷の丸投げは、第3種事業に該当します。

7 製造業等における「加工賃その他これに類する料金を対価とする役務の提供」

製造業等において原材料の支給を受けて製造を行う場合における「加工賃その他これに類する料金を対価とする役務の提供」は第4種事業に該当することになりますが、この場合における「加工賃その他これに類する料金を対価とする役務に提供」に該当するかどうかの判定は、その支給される原材料が主要な原材料に該当するかどうかで判断することになります。

したがって、当該支給される原材料が主要な原材料である場合には、「加工賃その他これに類する料金を対価とする役務の提供」に該当し、第4種事業として取り扱われることになります。また、受託者が自ら材料等を調達している場合であっても、その調達が補助材料であり、主要な原材料の支給を受けている場合（例えば、素材の支給を受けて行う漆塗り、塗装、メッキ等）は、第4種事業に該当することになります。

また、支給（無償）される材料が、主要な原材料に該当するかどうかの判定は、原価構成割合のみによるのではなく、製造等される製品等の特性から判断して、主要な要因をなす部分であるかどうかによって行うこととされていますから、製造される製品ごとに個別に判断する必要があります。

なお、原材料が有償で支給されている場合であっても、支給した事業者がその支給に係る原材料を自己の資産として管理しているときは、その原材料の支給は資産の譲渡に該当しないこととされています。したがって、このような場合についても、当該原材料が主要原材料であるときは、第4種事業に該当するものとして取り扱うことになります。

8 副産物の取扱い

第3種事業に該当する製造業等に係る事業に伴い生じた加工くず、副産物等の譲渡を行う事業は、第3種事業に該当することになります。

4 第5種事業

1 原則的な取扱い

第5種事業とは、運輸通信業、金融業、保険業及びサービス業（飲食店業に該当する事業を除きます）（以下「サービス業等」といいます）をいい、第1種事業、第2種事業及び第3種事業に該当するものを除くこととされています。

また、サービス業等の範囲は、おおむね日本標準産業分類に掲げる大分類を基準に判定することとされています。

2 サービス業等に該当する「加工賃その他これに類する料金を対価とする役務の提供」の取扱い

日本標準産業分類上の大分類がサービス業等に該当する事業は、「加工賃その他これに類する料金を対価とする役務の提供」を行う事業であっても、第4種事業には該当せず、第5種事業に該当することになります。

5 第6種事業

第6種事業とは不動産業をいい、日本標準産業分類に掲げる「不動産業・物品賃貸業」のうち、不動産業に該当するものをいいます。ただし、不動産業に該当する事業であっても、「他の者から購入した商品をその性質及び形状を変更しないで販売する事業」は、第1種事業又は第2種事業に該当することになります（基通13－2－4）。

6 第4種事業

1 原則的な取扱い

第4種事業とは、第1種事業、第2種事業、第3種事業、第5種事業及び第6種事業のいずれにも該当しない事業をいい、第3種事業から除かれている「加工賃その他これに類する料金を対価とする役務の提供を行う事業」のほか、飲食店業等が該当することになりますが、第1種事業、第2種事業、第3種事業、第5種事業及び第6種事業のいずれにも該当しない事業はすべて第4種事業に該当することになります。

また、事業区分の判定は、社会通念上の取引単位で行うことになりますから、卸売業、小売業、製造業等又はサービス業等一般的に第4種事業以外の事業を営む事業者であっても、第4種事業に該当する取引があることに留意する必要があります。

2 出前の取扱い

飲食店における飲食サービスは、客の注文により出前を行う場合も含めて第4種事業に該当することになります。

なお、飲食店が土産用等として製造した商品を販売した場合は第3種事業に該当し、仕入れた商品をそのまま土産用等として販売した場合は、第1種事業又は第2種事業に該当することになります。

また、飲食設備を持たないピザ、寿司等の宅配専門店が行うピザ、寿司等の宅配は、第3種事業に該当します。

3 ダンボール等の梱包材を売却した場合

卸売業者、小売業者、製造業者等が仕入れた商品、原材料等を梱包していたダンボール等の梱包材を売却した場合は、他の者から購入した商品をその性質及び形状を変更しないで販売するものではないことから、第4種事業に該当することになります。

ただし、このような梱包材の売却は、事業者が行う事業に付随して行うものであることから、当該売却を行った事業者が行う第1種事業から第4種事業のうち、主たる事業に係るものとして取り扱うことも認められています。ここでいう主たる事業とは、原則として、当該梱包材の売却収入を除く課税売上高のうち最も高い課税売上高を占める事業とされています。

なお、サービス業等を営む事業者がダンボール等の梱包材を売却した場合は、上記によることなく、第4種事業に該当することになります。

4 固定資産の売却

事業者が自己において使用していた固定資産を売却した場合は、第4種事業に該当することになります。

7 事業の区分がされていない場合

二種類以上の事業を営む事業者は、売上げを事業ごとに区分する必要がありますが、当該売上げを区分していない場合には、当該区分されていない課税売上高に含まれる事業のうち、みなし仕入率が最も低い事業に係る課税売上高として、仕入れに係る消費税額を計算することとされています。

例えば、第1種事業から第3種事業までの各事業を行っている事業者が、第3種事業に係る売上げのみを区分し、残りの売上げについて区分していない場合には、第1種事業及び第2種事業に係る売上げについては、その区分がされていないことから、その区分されていない売上げ全体が第2種事業に係るものとなり、区分されている売上げについては、その区分されているところにより第3種事業に該当するものとして取り扱うことになります。

ただし、第3種事業のうち、その一部の売上げしか区分しておらず、残りの区分していない売上げに第1種事業、第2種事業及び第3種事業に該当する売上げが含まれていると認められる場合には、その売上げの全体が区分されていないものとして第3種事業に係るものと判定されることになります。

8 対価の返還等の事業区分

簡易課税制度の適用を受ける事業者が値引き等、売上げに係る対価の返還等を行った場合には、当該対価の返還等に係る事業の種類ごとに区分することになりますが、その区分をしていない対価の返還等がある場合には、その事業者の課税売上げに係る帳簿等を基に合理的に区分する必要があります。

Ⅳ 日本標準産業分類からみた事業区分

事業者が行う事業の区分は、原則として、それぞれの資産の譲渡等ごとに判定することになりますが、日本標準産業分類を基に事業の種類を区分するとおおむね次のように分類されます（国税庁HP　質疑応答事例）。

● 大分類【A－農業、林業】

中分類	小分類	事業区分	留意事項及び具体的取扱い
農業〔01〕	耕種農業〔011〕 畜産農業〔012〕	第3種事業	● 農業従事者が他の農業従事者の田植え、稲刈り等を手伝う場合には、第4種事業に該当する。 ● 観光果樹園を併設し、入園料を受領してもぎ取り食用とさせる事業も第3種事業に該当する。 ● 育成中の牛の売却は第3種事業に該当し、事業用資産である乳牛の売却は第4種事業に該当する。
	農業サービス業（園芸サービス業を除く）〔013〕	おおむね第4種事業	● 農業用水供給事業は第3種事業に該当する。 ● 土地改良区が行う土地改良事業は第3種事業に該当し、国等からの委託により行う調査設計業務等は第5種事業に該当する。 ● 牛馬を預かり、請負により牛馬の育成を行う事業も第4種事業に該当する。
	園芸サービス業〔014〕	おおむね第4種事業	● 庭師が行う植木の剪定は第4種事業に該当する。

			●　造園工事（庭園造りを含む）を請け負う事業は第3種事業に該当する。
林業〔02〕	育林業〔021〕 素材生産業〔022〕	第3種事業	●　林業従事者が他の林業従事者に下草刈り、炭焼き、丸太の皮剝ぎ等を手伝う場合は第4種事業に該当する。
	特用林産物生産業（きのこ類の栽培を除く）〔023〕	第3種事業	●　天然きのこや松茸の採取も第3種事業に該当する。
	林業サービス業〔024〕	おおむね第4種事業	●　おおむね加工賃等を得る事業に該当する（苗木を購入して育林を行う事業は第3種事業）
	その他の林業〔029〕	第3種事業	（狩猟業が含まれる）

※軽減税率の対象となる飲食料品を生産する農林業については、その軽減税率が適用される飲食料品の譲渡に係る部分については、第2種事業に該当する。

●　大分類【B－漁業】

中分類	小分類	事業区分	留意事項及び具体的取扱い
漁業（水産養殖業を除く）〔03〕	海面漁業〔031〕 内水面漁業〔032〕	第3種事業	●　漁業従事者が他の漁業従事者の船に乗り込んで漁業に従事する場合で、給与以外の人的役務の提供の対価は第4種事業に該当する。
水産養殖業〔04〕	海面養殖業〔041〕 内水面養殖業〔042〕	第3種事業	●　漁業従事者が他の漁業従事者の養殖等を手伝う場合は第4種事業に該当する。 ●　委託により稚魚、稚貝の支給を受けて養殖する事業は第4種事業に該当する。 ●　養殖育成せず、成魚を仕

			入れ、販売する事業は第1種事業又は第2種事業に該当する。

※軽減税率の対象となる飲食料品を生産する漁業については、その軽減税率が適用される飲食料品の譲渡に係る部分については、第2種事業に該当する。

●　大分類【C−鉱業、採石業、砂利採取業】

中分類	小分類	事業区分	留意事項及び具体的取扱い
鉱業、採石業、砂利採取業〔05〕	金属鉱業〔051〕 石炭・亜炭鉱業〔052〕	第3種事業	●　他の者の鉱区を下請けにより採掘する事業でダイナマイト等の原材料を自己で持たない場合は第4種事業に該当する。 ●　他の鉱業従事者の採掘した鉱物を請負により破砕、選別する事業は第4種事業に該当する。
	原油・天然ガス鉱業〔053〕	第3種事業	●　他の者の鉱区を下請けによりボーリング又は採掘する事業は第4種事業に該当する。
	採石業、砂・砂利・玉石採取業〔054〕 窯業原料用鉱物鉱業（耐火物。陶磁器・ガラス・セメント原料用に限る）〔055〕 その他の鉱業〔059〕	第3種事業	●　他の者の鉱区を下請けにより採掘する事業でダイナマイト等の原材料を自己で持たない場合は第4種事業に該当する。 ●　他の鉱業従事者の採掘した鉱物を請負により破砕、選別する事業は第4種事業に該当する。

● 大分類【D－建設業】

中分類	小分類	事業区分	留意事項及び具体的取扱い
総合工事業〔06〕	一般土木建築工事業〔061〕 土木工事業（舗装工事業を除く）〔062〕 舗装工事業〔063〕 建築工事業（木造建築工事業を除く）〔064〕 木造建築工事業〔065〕 建築リフォーム工事業〔066〕	第3種事業	●　他の事業者から原材料の支給を受け建設工事の一部を行う人的役務の提供は第4種事業に該当する。 ●　工事を丸投げした場合も第3種事業に該当する。 ●　建設業者が行う修繕も第3種事業に該当する。 ●　道具等を持参し又は道具を持参しないで行う人的役務の提供は第４種事業に該当する。 ●　しゅんせつ工事〔0623〕は第4種事業に該当する。
職別工事業（設備工事業を除く）〔07〕	大工工事業〔071〕 とび・土工・コンクリート工事業〔072〕 鉄骨・鉄筋工事業〔073〕 石工・れんが・タイル・ブロック工事業〔074〕 左官工事業〔075〕 板金・金物工事業〔076〕 塗装工事業〔077〕 床・内装工事業〔078〕 その他の職別工事業〔079〕	おおむね第3種事業	●　道具等を持参し又は道具等を持参しないで行う人的役務の提供は第４種事業に該当する。 〔例〕 ・工事用資材を自己で持たず他の者の工事に人夫を派遣する事業 ・他の者からの委託に基づくはつり、解体工事 ●　職別工事業者が行う修繕も第3種事業に該当する（ただし、原材料の支給を受けて行う修繕は第４種事業に該当する）。 ●　とび工事業〔0721〕は第４種事業に該当する。 ●　サッシ等のコーキング事業も第3種事業に該当する。
設備工事業〔08〕	電気工事業〔081〕 電気通信・信号装置工事業〔082〕	第3種事業	●　配管業者が注文により水道管等の長さを調整し、裁断して販売する場合には第1種事業又は第2種事業に該当する。

	管工事（さく井工事業を除く）〔083〕 機械器具設置工事業〔084〕 その他の設備工事業〔089〕		● 道具等を持参し又は道具等を持参しないで行う人的役務の提供は第４種事業に該当する。 〔例〕 ・他の工事業者の指示により人夫を派遣する事業 ・機械等を持参し原材料を持たないで行う事業 ● 冷暖房施設工事業者が冷房機の保守点検等の際に、必要に応じて行うフロンガスの充填はその他の建物サービス業〔9229〕に該当し、第5種事業となる。 ● 設備工事業者が行う修理も第3種事業に該当する（ただし、原材料の支給を受けて行う修理は第4種事業に該当する）。

● **大分類【E－製造業】**

中分類	小分類	事業区分	留意事項及び具体的取扱い
食料品製造業〔09〕	畜産食料品製造業〔091〕 水産食料品製造業〔092〕 野菜缶詰・果実缶詰・農産保存食料品製造業〔093〕 調味料製造業〔094〕 糖類製造業〔095〕 精穀・製粉業〔096〕 パン・菓子製造	第3種事業	● 原材料の支給を受けて行う加工処理は、第4種事業に該当する。 〔例〕 ・玄米の支給を受けて行う精米 ・もち米の支給を受けて行う賃もち ・麦の支給を受けて行う製粉 ・果物等の支給を受けて行う缶詰加工 ・貝、えびの支給を受けて行うむき身の製造 ● 購入した商品の性質及び

	業〔097〕 動植物油脂製造業〔098〕 その他の食料品製造業〔099〕		形状を変更して販売する次のような事業も第3種事業に該当する。 〔例〕 ・かつおぶしを購入し削りぶしにして販売する ・生ワカメを乾燥ワカメ又は塩ワカメにする ・落花生を煎って殻から取り出しピーナッツとして販売する ・鰻を開いて串に刺して販売する ・仕入商品等を焼く、煮る等の加工処理を行い販売する ●　自己で製造した製品と仕入商品との混合は第3種事業に該当する。
飲料・たばこ・飼料製造業〔10〕	清涼飲料製造業〔101〕 酒類製造業〔102〕 茶・コーヒー製造業（清涼飲料を除く）〔103〕 製氷業〔104〕 たばこ製造業〔105〕 飼料・有機質肥料製造業〔106〕	第3種事業	●　天然水の販売は小売業に分類されるが、自ら採取して販売する場合は第3種事業として取り扱われる。 ●　製造問屋は第3種事業として取り扱われる。 ●　原材料の支給を受けて行う加工処理は、第4種事業に該当する。 〔例〕 ・酒類の支給を受けて行う酒類のビン詰 ・果物等の支給を受けて行うジュースの製造
繊維工業〔11〕	製糸業、紡績業、化学繊維・ねん糸等製造業〔111〕 織物業〔112〕 ニット生地製造業〔113〕 染色整理業〔114〕	第3種事業	●　原材料の支給を受けて行う加工処理は、第4種事業に該当する。 〔例〕 ・糸・テープ等の支給を受けて行う糸・テープ等の巻取り ・糸の支給を受けて行う反物等を織る作業

	綱・網・レース・繊維粗製品製造業〔115〕 外衣・シャツ製造業（和式を除く）〔116〕 下着類製造業〔117〕 和装製品・その他の衣服・繊維製身の回り品製造業〔118〕 その他の繊維製品製造業〔119〕		・生地又は刺繍糸の支給を受けて行う刺繍 ・糸又は生地の支給を受けて行う染色 ・反物等の支給を受けて行う裁断、縫製 ・生地の支給を受けて行う縫製（糸、ボタン等を自己で調達する場合も同じ） ●　洋服メーカーが指示を受けて行う洋服の型紙の製作は、第3種事業に該当する。
木材・木製品製造業（家具を除く）〔12〕	製材業、木製品製造業〔121〕 造作材・合板・建築用組立材料製造業〔122〕 木製容器製造業（竹、とうを含む）〔123〕 その他の木製品製造業（竹、とうを含む）〔119〕	第3種事業	●　9寸角の木材を、3寸角の柱にして販売する事業は、第3種事業に該当する。 ●　原材料の支給を受けて行う加工処理は、第4種事業に該当する。 〔例〕 ・木材の支給を受けて皮むき、裁断等する事業 ・原材料の支給を受けて容器、履物を組立加工する事業 ・製作された容器、履物等の支給を受けて行う塗装 ・木材の支給を受けて行う折箱等の製造
家具・装備品製造業〔13〕	家具製造業〔131〕 宗教用具製造業〔132〕 建具製造業〔133〕 その他の家具・装備品製造業〔139〕	第3種事業	●　原材料の支給を受けて行う加工処理は、第4種事業に該当する。 〔例〕 ・原材料の支給を受けて家具、建具等を組み立て又は塗装する事業
パルプ・紙・紙加工品	パルプ製造業〔141〕	第3種事業	●　原材料の支給を受けて行う加工処理は、第4種事業

製造業〔14〕	紙製造業〔142〕 加工紙製造業〔143〕 紙製品製造業〔144〕 紙製容器製造業〔145〕 その他のパルプ・紙・紙加工品製造業〔149〕		に該当する。 〔例〕 ・紙の支給を受けて紙製品を製造する事業
印刷・同関連業〔15〕	印刷業〔151〕 製版業〔152〕	第3種事業	●　原材料の支給を受けて行う加工処理は、第4種事業に該当する。 〔例〕 ・紙の支給を受けて行う印刷 ・葉書の支給を受けて行う印刷 ●　写真植字業も第3種事業に該当する。
	製本業、印刷物加工業〔153〕 印刷関連サービス業〔159〕	おおむね第4種事業	●　おおむね原材料の支給を受けて行う加工処理であることから、第4種事業に該当する。 〔例〕 ・印刷物の支給を受けて製本を請け負う事業
化学工業〔16〕	化学肥料製造業〔161〕 無機化学工業製品製造業〔162〕 有機化学工業製品製造業〔163〕 油脂加工製品・石けん・合成洗剤・界面活性剤・塗料製造業〔164〕 医薬品製造業〔165〕 化粧品・歯磨・	第3種事業	●　原材料の支給を受けて行う加工処理は、第4種事業に該当する。

	その他の化粧用調整品製造業〔166〕 その他の化学工業〔169〕		
石油製品・石炭製品製造業〔17〕	石油精製業〔171〕 潤滑油・グリース製造業（石油精製業によらないもの）〔172〕 コークス製造業〔173〕 舗装材料製造業〔174〕 その他の石油製品・石炭製品製造業〔179〕	第3種事業	●　原材料の支給を受けて行う加工処理は、第4種事業に該当する。
プラスチック製品製造業（別掲を除く）〔18〕	プラスチック板・棒・管・継手・異形押出製品製造業〔181〕 プラスチックフィルム・シート・床材・合成皮革製造業〔182〕 工業用プラスチック製品製造業〔183〕 発泡・強化プラスチック製品製造業〔184〕 プラスチック成形材料製造業(廃プラスチックを含む）〔185〕 その他のプラスチック製品製造業〔189〕	第3種事業	●　原材料の支給を受けて行う加工処理は、第4種事業に該当する。 〔例〕 ・成形用樹脂の支給を受けて行う成形加工 ・プラスチック製品の支給を受けて行う塗装、メッキ又は組立
ゴム製品製造業	タイヤ・チューブ製造業〔191〕	第3種事業	●　原材料の支給を受けて行う加工処理は、第4種事業

〔19〕	ゴム製・プラスチック製履物・同附属品製造業〔192〕 ゴムベルト・ゴムホース・工業用ゴム製品製造業〔193〕 その他のゴム製品製造業〔199〕		に該当する。
なめし革・同製品・毛皮製造業〔20〕	なめし革製造業〔201〕 工業用革製品製造業（手袋を除く）〔202〕 革製履物用材料・同附属品製造業〔203〕 革製履物製造業〔204〕 革製手袋製造業〔205〕 かばん製造業〔206〕 袋物製造業〔207〕 毛皮製造業〔208〕 その他のなめし革製品製造業〔209〕	第3種事業	● 原材料の支給を受けて行う加工処理は、第4種事業に該当する。 〔例〕 ・革、毛皮の支給を受けて行うなめし、調整、仕上げ ・革等の支給を受けて行う縫製
窯業・土石製品製造業〔21〕	ガラス・同製品製造業〔211〕 セメント・同製品製造業〔212〕 建設用粘土製品製造業（陶磁器製を除く）〔213〕 陶磁器・同関連製品製造業〔214〕 耐火物製造業	第3種事業	● 原材料の支給を受けて行う加工処理は、第4種事業に該当する。 〔例〕 ・陶磁器等の支給を受けて行う塗装、メッキ、蒔絵、沈金を施す事業

	〔215〕 炭素・黒鉛製品製造業〔216〕 研磨材・同製品製造業〔217〕 骨材・石工品等製造業〔218〕 その他の窯業・土石製品製造業〔219〕		
鉄鋼業〔22〕	製鉄業〔221〕 製鋼・製鋼圧延業〔222〕 製鋼を行わない鋼材製造業（表面処理鋼材を除く）〔223〕 表面処理鋼材製造業〔224〕 鉄素形材製造業〔225〕 その他の鉄鋼業〔229〕	第3種事業	●　原材料の支給を受けて行う加工処理は、第4種事業に該当する。 〔例〕 ・金属の支給を受けて行うメッキ ・金属の支給を受けて行う表面処理 ・金属の支給を受けて行う鋳造、鍛造、圧延
非鉄金属製造業〔23〕	非鉄金属第1次製錬・精製業〔231〕 非鉄金属第2次製錬・精製業（非鉄金属合金製造業を含む）〔232〕 非鉄金属・同合金圧延業（抽押、押出しを含む）〔233〕 電線・ケーブル製造業〔234〕 非鉄金属素形材製造業〔235〕 その他の非鉄金属製造業〔239〕	第3種事業	●　原材料の支給を受けて行う加工処理は、第4種事業に該当する。 〔例〕 ・金属の支給を受けて行うプレス、シャーリング ・金属の支給を受けて行う表面処理 ・金属の支給を受けて行う鋳造、鍛造、圧延
金属製品	ブリキ缶・その	第3種事業	●　金型の支給を受けて金属

製造業〔24〕	他のめっき板等製品製造業〔241〕 洋食器・刃物・手道具・金物類製造業〔242〕 暖房・調理等装置・配管工事用附属品製造業〔243〕 建設用・建築用金属製品製造業（製缶板金業を含む）〔244〕 金属素形材製品製造業〔245〕 金属被覆・彫刻業、熱処理業（ほうろう鉄器を除く）〔246〕 金属線製品製造業（ねじ類を除く）〔247〕 ボルト・ナット・リベット・小ねじ・木ねじ等製造業〔248〕 その他の金属製品製造業〔249〕		を自己で調達して打ち抜きプレス等を行う事業も、第3種事業に該当する。 ●　原材料の支給を受けて行う加工処理は、第4種事業に該当する。 〔例〕 ・鉄板等の支給を受けて行う打ち抜き、プレス ・金属製品の支給を受けて行う彫刻 ・金属の支給を受けて行うメッキ ・金属の支給を受けて行う塗装
はん用機械器具製造業〔25〕	ボイラ・原動機製造業〔251〕 ポンプ・圧縮機器製造業〔252〕 一般産業用機械・装置製造業〔253〕 その他のはん用機械・同部分品製造業〔259〕	第3種事業	●　機械の修理を行う事業は、第5種事業に該当する。 ●　原材料の支給を受けて行う加工処理は、第4種事業に該当する。 〔例〕 ・機械の組立を請け負って行う事業 ・原材料の支給を受けて旋盤等による部品の下請加工 ・パイプの支給を受け切断、曲げ作業等を行う事業

生産用機械器具製造業〔26〕	農業用機械製造業（農業用器具を除く）〔261〕 建設機械・鉱山機械製造業〔262〕 繊維機械製造業〔263〕 生活関連産業用機械製造業〔264〕 基礎素材産業用機械製造業〔265〕金属加工機械製造業〔266〕 半導体・フラットパネルディスプレイ製造装置製造業〔267〕 その他の生産用機械・同部分品製造業〔269〕	第3種事業	● 機械の修理を行う事業は、第5種事業に該当する。 ● 原材料の支給を受けて行う加工処理は、第4種事業に該当する。 〔例〕 ・機械の組立を請け負って行う事業 ・原材料の支給を受けて旋盤等による部品の下請加工 ・パイプの支給を受け切断、曲げ作業等を行う事業
業務用機械器具製造業〔27〕	事務用機械器具製造業〔271〕 サービス用・娯楽用機械器具製造業〔272〕 計量器・測定器・分析機器・試験機・測量機械器具・理化学機械器具製造業〔273〕 医療用機械器具・医療用品製造業〔274〕 光学機械器具・レンズ製造業〔275〕 武器製造業〔276〕	第3種事業	● 機械の販売と据付けが別の取引と認められる場合には、本体部分は第3種事業、据付け料金部分は第5種事業に該当する（製造から据付けまでの一貫した請負契約の場合は、全体が第3種事業に該当する）。 ● 機機械の修理を行う事業は、第5種事業に該当する。 ● 原材料の支給を受けて行う加工処理は、第4種事業に該当する。 〔例〕 ・部品の支給を受けて組立を行う事業 ● 完成品の検査を行う事業は商品検査業（7441）に該当し、第5種事業に該当する。

電子部品・デイバイス・電子回路製造業〔28〕	電子デイバイス製造業〔281〕 電子部品製造業〔282〕 記録メディア製造業〔283〕 電子回路製造業〔284〕 ユニット部品製造業〔285〕 その他の電子部品・デイバイス・電子回路製造業〔289〕	第3種事業	●　原材料の支給を受けて行う加工処理は、第4種事業に該当する。 〔例〕 ・機械の組立を請け負って行う事業
電気機械器具製造業〔29〕	発電用・送電用・配電用・電気機械器具製造業〔291〕 産業用電気機械器具製造業〔292〕 民生用電気機械器具製造業〔293〕 電球・電気照明器具製造業〔294〕 電池製造業〔295〕 電子応用装置製造業〔296〕 電気計測器製造業〔297〕 その他の電気機械器具製造業〔299〕	第3種事業	●　原材料の支給を受けて行う加工処理は、第4種事業に該当する。 〔例〕 ・組立てを請け負って行う事業 ・基板の支給を受けて基板に文字を印刷する事業
情報通信機械器具製造業〔30〕	通信機械器具・同関連機械器具製造業〔301〕 映像・音響機械器具製造業〔302〕	第3種事業	●　原材料の支給を受けて行う加工処理は、第4種事業に該当する。 〔例〕 ・機械の組立を請け負って行う事業

	電子計算機・同附属装置製造業〔303〕		● 他の事業者が開発したソフトウエアや周辺機器を購入して販売する場合のそのソフトウエア等の譲渡は第1種事業又は第2種事業に該当する。 ただし、OSとして機械本体に組み込んで販売する場合は全体の売上げが第3種事業に該当する。
輸送用機械器具製造業〔31〕	自動車・同附属品製造業〔311〕 鉄道車両・分品製造業 〔312〕 船舶製造・修理業、船用機関製造業〔313〕 航空機・同附属品製造業〔314〕 産業用運搬車両・同部分品・附属品製造業 〔315〕 その他の輸送用機械器具製造業 〔319〕	第3種事業	● 自動車の支給を受けて保冷車等に改造する事業も第3種事業に該当する。 ● 鉄道車両の製造業者が行う鉄道車両の修理、船舶の製造業者が行う船舶の修理又は航空機用原動機製造業者が行う航空原動機のオーバーホールは、第3種事業に該当する。 ● 原材料の支給を受けて加工処理は、第4種事業に該当する。 〔例〕 ・部品の支給を受けて加工（旋盤等の加工）を行う事業 ・部品の支給を受けて溶接を行う事業
その他の製造業〔32〕	貴金属・宝石製品製造業〔321〕 装身具・宝飾品・ボタン・同関連品製造業（貴金属・宝石製を除く）〔322〕 時計・同部分品製造業〔323〕 楽器製造業 〔324〕 がん具・運動用具製造業〔325〕	第3種事業	● 原材料の支給を受けて行う加工処理は、第4種事業に該当する。 〔例〕 ・宝石の支給を受けて行う切断、研磨、取付け ・真珠の支給を受けて行う染色 ・製品の支給を受けて漆塗りを行う事業 ・わらの支給を受けて畳を製造する事業 ● 畳の表替え、裏返し、修

	ペン・鉛筆・絵画用品・その他の事務用品製造業〔326〕 漆器製造業〔327〕 畳等生活雑貨製品製造業〔328〕 他に分類されない製造業〔329〕		理は他に分類されない修理業（9099）に該当し、第5種事業となる。 ● 造花及び脚を用いて花輪を製作する事業も第3種事業に該当する。

● 大分類【F－電気・ガス・熱供給業・水道業】

中分類	小分類	事業区分	留意事項及び具体的取扱い
電気業〔33〕	電気業〔331〕	第3種事業	
ガス業〔34〕	ガス業〔341〕	第3種事業	（注）導管によりガスを供給するものに限る。 ● サービスステーションが行うガス器具の修理、点検等は第5種事業に該当する。 ● プロパンガスを家庭用ボンベ等に詰め替えて販売するように、中身のみの取引形態となっているものは第1種事業又は第2種事業に該当する。
熱供給業〔35〕	熱供給業〔351〕	第3種事業	● 温泉の泉源を保有し、旅館等に温泉を供給する事業は、他に分類されないその他の事業サービス業(9299)に該当し、第5種事業となる。
水道業〔36〕	上水道業〔361〕 工業用水道業〔362〕 下水道業〔363〕	第3種事業	（注）導管により供給する簡易水道業を含む ● 停泊する船舶に給水栓、タンク船により飲料水の供給を行う事業は、第1種事業又は第2種事業に該当する。

			（注）農業集落排水事業を含む。

● 大分類【G－情報通信業】

中分類	小分類	事業区分	留意事項及び具体的取扱い
通信業〔37〕	固定電気通信業〔371〕 移動電気通信業〔372〕 電気通信に附帯するサービス業〔373〕	第5種事業	
放送業〔38〕	公共放送業（有線放送業を除く）〔381〕 民間放送業（有線放送業を除く）〔382〕 有線放送業〔383〕	第5種事業	
情報サービス業〔39〕	ソフトウエア業〔391〕 情報処理・提供サービス業〔392〕	第5種事業	● ソフトウエアの設計を外注先に依頼し設計させ、顧客に納品する事業も第5種事業に該当する。
インターネット附随サービス業〔40〕	インターネット附随サービス業〔401〕	第5種事業	
映像・音声・文字情報制作業〔41〕	映像情報制作・配給業〔411〕 音声情報制作業〔412〕	第5種事業	
	新聞業〔413〕 出版業〔414〕 広告制作業〔415〕	第3種事業	● 新聞等における紙上広告は、第5種事業に該当する。 ● 原材料の支給を受けて行う加工処理は、第4種事業に該当する。

			〔例〕 ・紙の支給を受けて行う印刷 ・葉書の支給を受けて行う印刷 ●　印刷を自ら行わない出版でも第3種事業に該当する。
	映像・音声・文字情報制作に附帯するサービス業〔416〕	第5種事業	

● 大分類【H－運輸業、郵便業】

中分類	小分類	事業区分	留意事項及び具体的取扱い
鉄道業〔42〕	鉄道業〔421〕	第5種事業	
道路旅客運送業〔43〕	一般乗合旅客自動車運送業〔431〕 一般乗用旅客自動車運送業〔432〕 一般貸切旅客自動車運送業〔433〕 その他の道路旅客運送業〔439〕	第5種事業	
道路貨物運送業〔44〕	一般貨物自動車運送業〔441〕 特定貨物自動車運送業〔442〕 貨物軽自動車運送業〔443〕 集配利用運送業〔444〕 その他の道路貨物運送業〔449〕	第5種事業	

水運業〔45〕	外航海運業〔451〕 沿海海運業〔452〕 内陸水運業〔453〕 船舶貸渡業〔454〕	第5種事業	
航空運輸業〔46〕	航空運送業〔461〕 航空機使用業（航空運送業を除く）〔462〕	第5種事業	
倉庫業〔47〕	倉庫業（冷蔵倉庫業を除く）〔471〕 冷蔵倉庫業〔472〕	第5種事業	
運輸に附帯するサービス業〔48〕	港湾運送業〔481〕 貨物運送取扱業（集配利用運送業を除く）〔482〕 運送代理店〔483〕 こん包業〔484〕 運輸施設提供業〔485〕 その他の運輸に附帯するサービス業〔489〕	第5種事業	
郵便業（信書便事業を含む）〔49〕	郵便業（信書便業を含む）〔491〕	第5種事業	

● 大分類【I－卸売業、小売業】

中分類	小分類	事業区分	留意事項及び具体的取扱い
各種商品卸売業〔50〕	各種商品卸売業〔501〕	第1種事業又は第2種事業	● 性質及び形状の変更があるものは、第3種事業に該当する。 ● 商品等に名入れ等を行い販売する場合は、性質及び形状を変更しないものとして取り扱われる。
繊維・衣服等卸売業〔51〕	繊維品卸売業(衣服、身の回り品を除く)〔511〕 衣服卸売業〔512〕 身の回り品卸売業〔513〕	第1種事業又は第2種事業	● 性質及び形状の変更があるものは、第3種事業に該当する。 〔例〕 ・生糸を染色して販売する事業 ・白地のTシャツを染色し販売する事業
飲食料品卸売業〔52〕	農畜産物・水産物卸売業〔521〕 食料・飲料卸売業〔522〕	第1種事業又は第2種事業	● 性質及び形状の変更があるものは、第3種事業に該当する。 〔例〕 ・魚を煮魚、焼魚等加熱加工して販売する事業 ・落花生を煎って殻から取り出し、ピーナッツとして販売する事業 ・仕入れたブロイラーを焼鳥用に解体して串に刺して販売する事業 ・生しいたけを乾燥させて販売する事業 ・生サケに塩をまぶして新巻として販売する事業 ・かつおぶしを購入し削りぶしにして販売する事業 ・荒茶を仕入れ、加工して製品茶にして販売する事業 ・ほしのりを炙って焼きのりにして販売する事業

建築材料、鉱物、金属材料等卸売業〔53〕	建築材料卸売業〔531〕 化学製品卸売業〔532〕 石油・鉱物卸売業〔533〕 鉄鋼製品卸売業〔534〕 非鉄金属卸売業〔535〕 再生資源卸売業〔536〕	第1種事業又は第2種事業	●　性質及び形状の変更があるものは、第3種事業に該当する。 〔例〕 ・木材に防虫剤を注入して販売する事業 ●　例えば、次のものは性質及び形状を変更しないものとされる。 ・土砂を購入して選別、水洗いし、生コン用、埋立て用として他の事業者に販売する事業 ・廃車処理業（解体を主とするもの）における中古車を解体して販売する事業 ・仕入れたサッシとガラスを組み立て、規格品仕様のサッシ窓として他の事業者に販売する事業 （注）仕入れたサッシとガラスに切断等の加工を行って規格外のサッシ窓とする場合やサッシ窓の製作等を請け負う場合は、第3種事業に該当する。
機械器具卸売業〔54〕	産業用機械器具卸売業〔541〕 自動車卸売業〔542〕 電気機械器具卸売業〔543〕 その他の機械器具卸売業〔549〕	第1種事業又は第2種事業	●　性質及び形状の変更があるものは、第3種事業に該当する。 ●　販売した商品の修理等は、第5種事業に該当する
その他の卸売業〔55〕	家具・建具・じゅう器等卸売業〔551〕 医薬品・化粧品等卸売業〔552〕 紙・紙製品卸売業〔553〕	第1種事業又は第2種事業	●　性質及び形状の変更があるものは、第3種事業に該当する。 ●　代理商、仲立業（5598）は、第4種事業に該当する。

	他に分類されない卸売業〔559〕		
各種商品小売業〔56〕	百貨店・総合スーパー〔561〕 その他の各種商品小売業（従業員が常時50人未満のもの）〔569〕	第2種事業又は第1種事業	● 性質及び形状の変更があるものは、第3種事業に該当する。 ● 販売した商品の修理等は、第5種事業に該当する。
織物・衣服・身の回り品小売業〔57〕	呉服・服地・寝具小売業〔571〕 男子服小売業〔572〕 婦人服・子供服小売業〔573〕 靴・履物小売業〔574〕 その他の織物・衣服・身の回り品小売業〔579〕	第2種事業又は第1種事業	● 性質及び形状の変更があるものは、第3種事業に該当する。 ● 製造小売は、第3種事業に該当する。 〔例〕 ・呉服の仕立小売、洋服の仕立小売等 ● 販売した商品の修理等は、第5種事業に該当する。 〔例〕 ・靴の修理 ・服の販売に伴い、別途受領する直し賃(ズボンの裾、上着の丈等)
飲食料品小売業〔58〕	各種食料品小売業〔581〕 野菜・果実小売業〔582〕 食肉小売業〔583〕 鮮魚小売業〔584〕 酒小売業〔585〕 菓子・パン小売業〔586〕 その他の飲食料品小売業〔589〕	第2種事業又は第1種事業	● 性質及び形状の変更があるものは、第3種事業に該当する。 ● 食肉小売店、鮮魚小売店において通常販売する商品に一般的に行われる軽微な加工（例えば、仕入商品を切る、刻む、つぶす、挽く、たれに漬け込む、混ぜ合わせる、こねる、乾かす等）を加えて同一の店舗で当該加工品を販売する場合には、第2種事業に該当する。 ● 食肉小売店、鮮魚小売店等において仕入商品に加熱行為等を伴う加工を行って販売する場合には、第3種事業に該当する。

			〔例〕 ・食肉小売店におけるチャーシュー、ローストビーフ、ポテトサラダ、コロッケ、トンカツ、ヤキトリ、ハンバーグ、タタキ等の販売 ・鮮魚小売店における焼魚、かつおのタタキ、煮魚、天ぷら等の販売 ●　製造小売は、第3種事業に該当する。 〔例〕 ・菓子製造小売 ・パン製造小売 ・パン小売店におけるサンドイッチの製造小売 ・豆腐・かまぼこ等加工食品製造小売 ・惣菜・弁当等の製造小売 ●　食材を仕入れて家庭等に配達する食材小売(配達)は、第1種事業又は第2種事業に該当する。 ●　天然水を採取して販売する事業は、第3種事業に該当する。
機械器具小売業〔59〕	自動車小売業〔591〕 自転車小売業〔592〕 機械器具小売業（自動車、自転車を除く）〔593〕	第2種事業又は第1種事業	●　性質及び形状の変更があるものは、第3種事業に該当する。 〔例〕 ・中古車に板金、塗装、部品の取替え等を施して販売する事業（点検、清掃、ワックスがけ等の行為は、性質及び形状の変更に該当しない） ●　自動車の支給を受けて保冷車等に改造する事業は、第3種事業に該当する。 ●　自転車の部品を仕入れて自転車を組み立てて販売する事業は、第3種事業に該当する。ただし、運送の利

			便のために分解されている部品等を単に組み立てて販売する等、仕入商品の組立販売と認められるものは、第1種事業又は第2種事業に該当する。 ● 取付費を別途請求する場合の取付けは第5種事業、取付費が無償（サービス）であると認められる場合は全体が第1種事業又は第2種事業に該当する。
その他の小売業〔60〕	家具・建具・畳小売業〔601〕 じゅう器小売業〔602〕 医薬品・化粧品小売業〔603〕 農耕用品小売業〔604〕 燃料小売業〔605〕 書籍・文房具小売業〔606〕 スポーツ用品・がん具・娯楽用品・楽器小売業〔607〕 写真機・時計・眼鏡小売業〔608〕 他に分類されない小売業〔609〕	第2種事業又は第1種事業	● 性質及び形状の変更があるものは、第3種事業に該当する。 〔例〕 ・印鑑を製造販売する事業 ・表札を製造販売する事業 ・鰯を釣り餌用にミンチ→冷凍→ブロック状（こませ）にして販売する事業 ・仕入れた裸石と空枠を指輪に加工して販売する事業 ・墓石に文字等を彫刻して販売する事業 ● 畳の表替え、裏返し、修理は他に分類されない修理業（9099）に該当し、第5種事業に該当する。 ● オーダーメイドによるカーテンやカーペットの仕立て販売は、第3種事業に該当する。 ● 製造小売は、第3種事業に該当する。 〔例〕 ・家具・建具・畳製造小売 ● 修理は第5種事業に該当する。 ● フィルムの現像、焼付、引き伸ばしは、第5種事業に該当する。

			●　眼鏡等小売店において、小売価格を明示しているレンズ、眼鏡枠の販売に際し、加工を伴うものであっても、明示した小売価格以外に加工賃を別途受領しない場合は全体が第2種事業に該当する。 ●　消火器の薬剤の詰替えも第1種事業又は第2種事業に該当する。
無店舗小売業〔61〕	通信販売・訪問販売小売業〔611〕 自動販売機による小売業〔612〕 その他の無店舗小売業〔619〕	第2種事業又は第1種事業	●　他の者から購入した商品をその性質及び形状を変更しないで販売する事業で他の事業者以外の者に販売する事業は第2種事業に該当する。 ●　他の者から購入した商品をその性質及び形状を変更しないで他の事業者に販売する事業は第1種事業に該当する。 ●　性質及び形状の変更のあるものは第3種事業に該当する。

●　大分類【J－金融業、保険業】

中分類	小分類	事業区分	留意事項及び具体的取扱い
銀行業〔62〕	中央銀行〔621〕 銀行（中央銀行を除く）〔622〕	第5種事業	●　課税となる各種受取手数料等が対象となる。
協同組織金融業〔63〕	中小企業等金融業〔631〕 農林水産金融業〔632〕	第5種事業	●　課税となる各種受取手数料等が対象となる。
貸金業、クレジットカード業等非預金信	貸金業〔641〕 質屋〔642〕 クレジットカード業、割賦金融業	第5種事業	●　課税となる各種受取手数料等が対象となる。

用機関〔64〕	〔643〕 その他の非預金信用機関〔649〕		
金融商品取引業、商品先物取引業〔65〕	金融商品取引業〔651〕 商品先物取引業、商品投資顧問業〔652〕	第5種事業	●　課税となる各種受取手数料等が対象となる。 ●　商品の自己売買は、第1種事業又は第2種事業に該当する （注）資産の引渡しを伴わない差金決済は不課税
補助的金融業等〔66〕	補助的金融業、金融附帯業〔661〕 信託業〔662〕 金融代理業〔663〕	第5種事業	●　課税となる各種受取手数料等が対象となる。
保険業（保険媒介代理業、保険サービス業を含む）〔67〕	生命保険業〔671〕 損害保険業〔672〕 共済事業、少額短期保険業〔673〕 保険媒介代理業〔674〕 保険サービス業〔675〕	第5種事業	●　課税となる各種受取手数料（代理店手数料）等が対象となる。

●　**大分類【K－不動産業、物品賃貸業】**

中分類	小分類	事業区分	留意事項及び具体的取扱い
不動産取引業〔68〕	建物売買業、土地売買業〔681〕 不動産代理業・仲介業〔682〕	第6種事業	●　他の事業者が建築施工(自らが施主となって請負契約により建築業者に施工させる場合を除く）したものを購入してそのまま販売する場合は、第1種事業又は第2種事業に該当する。 ●　自ら建築施工（自らが施

			主となって請負契約により建築業者に施工させる場合を含む）したものを販売する事業は、第3種事業に該当する。 ● 中古住宅をリメイク（塗装、修理等）して販売する事業は、第3種事業に該当する。
不動産賃貸業・管理業〔69〕	不動産賃貸業(貸家業、貸間業を除く）〔691〕 貸家業、貸間業〔692〕 駐車場業〔693〕 不動産管理業〔694〕	第6種事業	（注）住宅の貸付けは非課税
物品賃貸業〔70〕	各種物品賃貸業〔701〕 産業業機械器具賃貸業〔702〕 事務用機械器具賃貸業〔703〕 自動車賃貸業〔704〕 スポーツ・娯楽用品賃貸業〔705〕 その他の物品賃貸業〔709〕	第5種事業	● リース取引のうち、売買とされる取引は、第1種事業又は第2種事業に該当する。

● **大分類【L－学術研究、専門・技術サービス業】**

中分類	小分類	事業区分	留意事項及び具体的取扱い
学術・開発研究機関〔71〕	自然科学研究所〔711〕 人文・社会科学研究所〔712〕	第5種事業	● 事業内容によっては、第1種事業又は第2種事業に該当するものもある。
専門サービス業（他に分類され	法律事務所、特許事務所〔721〕 公証人役場、司	第5種事業	● 地質調査を行う事業も第5種事業に該当する。

ないもの)〔72〕	法書士事務所、土地家屋調査士事務所〔722〕 行政書士事務所〔723〕 公認会計士事務所、税理士事務所〔724〕 社会保険労務士事務所〔725〕 デザイン業〔726〕 著述・芸術家業〔727〕 経営コンサルタント業、純粋持株会社〔728〕 その他の専門サービス業〔729〕		
広告業〔73〕	広告業〔731〕	第5種事業	
技術サービス業（他に分類されないもの)〔74〕	獣医業〔741〕 土木建築サービス業〔724〕 機械設計業〔725〕 商品・非破壊検査業〔726〕 計量証明業〔745〕 写真業〔746〕 その他の技術サービス業〔749〕	第5種事業	●　地質調査を行う事業も第5種事業に該当する。 ●　結婚式、七五三等の写真を撮影し、単に台紙等にはめ込み、記念写真として作成、引き渡す事業は第5種事業に該当する。 ●　写真館が小学校等からネガの支給を受け、又は自ら撮影した写真を基に卒業アルバム等を製作する事業は、第3種事業に該当する。
宿泊業〔75〕	旅館、ホテル〔751〕 簡易宿所〔752〕 下宿業〔753〕 その他の宿泊業〔759〕	第5種事業	●　自動販売機(ジュース、コーヒー等）や売店の売上げは第2種事業に該当する。 ●　宿泊料金と区分してある客室冷蔵庫の飲物等の売上げは第4種事業に該当する。

			● ゲームコーナーの売上げはその他の遊戯場（8069）に該当し、第5種事業となる。
飲食店〔76〕	食堂、レストラン（専門料理店を除く）〔761〕 専門料理店〔762〕そば・うどん店〔763〕 すし店〔764〕 酒場、ビヤホール〔765〕 バー、キャバレー、ナイトクラブ〔766〕喫茶店〔767〕 その他の飲食店〔769〕	第4種事業	● 飲食店内にある酒等の自動販売機での販売（セルフサービスを目的としたもの）も第4種事業に該当する。 ● 飲食のための施設を有する飲食店等が行う仕出し、出前は、第4種事業に該当する。 ● 喫茶店における持帰り用のケーキ、珈琲豆等の仕入販売は、第2種事業に該当する（兼業を行っている実態にあるもので、事業の区分がされている場合）。
持ち帰り・配達飲食サービス業〔77〕	持ち帰り飲食サービス業〔771〕 配達飲食サービス業〔772〕	第3種事業又は第4種事業	● ハンバーガーショップ等の持帰り用の販売は、第3種事業（製造した製品）又は第2種事業（購入した商品）に該当する。 ● 飲食のための施設を有する飲食店等が行う仕出し、出前は第4種事業に該当する。 ● 飲食設備を有しない宅配ピザ店、仕出専門店が行うピザの宅配、仕出料理の宅配は、第3種事業に該当する。

● **大分類【N－生活関連サービス、娯楽業】**

中分類	小分類	事業区分	留意事項及び具体的取扱い
洗濯・理容・美容・浴場業〔78〕	洗濯業〔781〕 理容業〔782〕 美容業〔783〕 一般公衆浴場業	第5種事業	● 化粧品等の販売は、第2種事業に該当する。 ● シャンプー、自動販売機の売上げは、第2種事業に

	〔784〕 その他の公衆浴場業〔785〕 その他の洗濯・理容・美容・浴場業〔789〕		該当する。
その他の生活関連サービス〔79〕	旅行業〔791〕 家事サービス業〔792〕 衣服裁縫修理業〔793〕 物品預り業〔794〕 火葬・墓地管理業〔795〕冠婚葬祭業〔796〕 他に分類されない生活関連サービス業〔799〕	第5種事業	●　火葬料、埋葬料は、非課税である。 ●　骨壺等の販売は第2種事業に該当する。
娯楽業〔80〕	映画館〔801〕 興行場（別掲を除く）、興行団〔802〕 競輪・競馬等の競走場、競技団〔803〕 スポーツ施設提供業〔804〕 公園、遊園地〔805〕 遊戯場〔806〕 その他の娯楽業〔809〕	第5種事業	●　潮干狩（貝の採取）は漁業であり、第3種事業に該当する。 ●　店内飲食用の酒類等の提供は、第4種事業に該当する。

●　大分類【O－教育、学習支援業】

中分類	小分類	事業区分	留意事項及び具体的取扱い
学校教育〔81〕	幼稚園〔811〕 小学校〔812〕	第5種事業	●　事業内容によって第2種事業となるものもある。

	中学校〔813〕 高等学校、中等教育学校〔814〕 特別支援学校〔815〕 高等教育機関〔816〕 専修学校、各種学校〔817〕 学校教育支援機関〔818〕 幼保連携型認定こども園〔819〕		〔例〕 ・売店での文房具等の販売 ●　学校教育法上の学校、専修学校、各種学校その他特定のものに係る授業料、入学金、施設設備費等は非課税である。
その他の教育、学習支援業〔82〕	社会教育〔821〕 職業・教育支援施設〔822〕 学習塾〔823〕 教養・技能教授業〔824〕 他に分類されない教育、学習支援業〔829〕	第5種事業	●　事業内容によって第2種事業となるものもある。 〔例〕 ・動物園等の売店でのみやげ物等の販売

● **大分類【P－医療、福祉】**

中分類	小分類	事業区分	留意事項及び具体的取扱い
医療業〔83〕	病院〔831〕 一般診療所〔832〕 歯科診療所〔833〕 助産・看護業〔834〕 療術業〔835〕 医療に附帯するサービス業〔836〕	第5種事業	●　公的な医療保障制度に係る療養、医療、施設療養又はこれらに類するものとしての資産の譲渡等は非課税である。 ●　医師、助産師その他医療に関する施設の開設者による助産に係る役務の提供は非課税である。
保険衛生〔84〕	保健所〔841〕 健康相談施設〔842〕	第5種事業	

	その他の保険衛生〔843〕		
社会保険・社会福祉・介護事業〔85〕	社会保険事業団体〔851〕 福祉事務所〔852〕 児童福祉事業〔853〕老人福祉・介護事業〔854〕 障害者福祉事業〔855〕 その他の社会保険・社会福祉・介護事業〔859〕	第5種事業	●　社会福祉法に規定する社会福祉事業及び更生保護事業法に規定する更生保護事業として行われる資産の譲渡等は、非課税である。ただし、授産施設等を経営する事業において生産活動としての作業に基づき行われるものは課税である。

● **大分類【Q－複合サービス業】**

中分類	小分類	事業区分	留意事項及び具体的取扱い
郵便局〔86〕	郵便局〔861〕 郵便局受託業〔862〕	第5種事業	●　主として郵便物、信書便物として差し出された物の引受、取集・区分及び配達を行う事業所は郵便業（信書便業を含む）〔4911〕に該当し、第5種事業となる。
協同組合（他に分類されないもの）〔87〕	農林水産業協同組合（他に分類されないもの）〔871〕 事業協同組合（他に分類されないもの）〔872〕	第5種事業	●　農林水産物を生産者から購入して販売する事業は、第1種事業又は第2種事業に該当する。なお、性質及び形状を変更する場合は、第3種事業に該当する(例えば、仕入れたカニをゆでて販売する場合等)。

●　大分類【R−サービス業（他に分類されないもの）】

中分類	小分類	事業区分	留意事項及び具体的取扱い
廃棄物処理業〔88〕	一般廃棄物処理業〔881〕 産業廃棄物処理業〔882〕 その他の廃棄物処理業〔889〕	第5種事業	
自動車整備業〔89〕	自動車整備業〔891〕	第5種事業	●　自動車の修理は、第5種事業に該当する。この場合、修理に伴う部品代金を区分してもその部品代金を含めて第5種事業に該当する。 ●　タイヤやオイル交換による商品の販売代金は、第1種事業又は第2種事業に該当し、工賃等の部分は第5種事業に該当する（工賃等の部分が無償である場合は、全体が第1種事業又は第2種事業に該当する）。
機械等修理業（別掲を除く）〔90〕	機械修理業（電気機械器具を除く）〔901〕 電気機械器具修理業〔902〕 表具業〔903〕 その他の修理業〔909〕	第5種事業	●　機械等の修理は、第5種事業に該当する。この場合、修理に伴う部品代金を区分してもその代金を含めて第5種事業に該当する。 ●　表具業者が、軸装、額装により新たに掛軸等を製作する場合は、第3種事業に該当する。ただし、例えば、主要原材料である作品及び額の支給を受けて額装を行う事業は、第4種事業に該当する。
職業紹介・労働者派遣業〔91〕	職業紹介業〔911〕 労働者派遣業〔912〕	第5種事業	

その他の事業サービス業〔92〕	速記・ワープロ入力・複写業〔921〕 建物サービス業〔922〕 警備業〔923〕 他に分類されない事業サービス業〔929〕	第5種事業	●　学校から学校給食（学校の食堂）の委託を受けて行う食堂の運営及び学校の寄宿舎での食事の提供は、第4種事業に該当する ●　冷暖房施設工事業者が冷暖房の保守点検において行うフロンガスの充填は、第5種事業に該当する。 ●　トレーディングスタンプ業は、第5種事業に該当する。 ●　温泉の源泉を有し、ゆう出する温泉を旅館などに供給する温泉供給業は、第5種事業に該当する。
政治・経済・文化団体〔93〕	経済団体〔931〕 労働団体〔932〕 学術・文化団体〔933〕 政治団体〔934〕 他に分類されない非営利的団体〔939〕	第5種事業	●　事業内容によって第1種事業又は第2種事業となるものもある。
宗教〔94〕	神道系宗教〔941〕 仏教系宗教〔942〕 キリスト教系宗教〔943〕 その他の宗教〔949〕	第5種事業	●　課税となる博物館、宝物館等の入館料等が対象となる。 ●　絵葉書、写真帳、暦等の販売は、第2種事業に該当する。 ●　駐車場の貸付けは、第6種事業に該当する。
その他のサービス業〔95〕	集会場〔951〕 と畜場〔952〕 他に分類されないサービス業〔959〕	第5種事業	

第 5 章

本則課税の選択・手続と留意点

I　本則課税の概要

消費税の納付税額の計算は、消費税が課税された取引に係る消費税額からそれに要する課税仕入れ等の税額を控除することにより行うことになりますが、これは、消費税が取引の各段階で課税されることによる税の累積を排除する仕組みによるものです。

一方、事業者が行う取引の中には消費税が非課税とされる取引があります。この消費税が非課税とされる取引に要する課税仕入れ等の税額については、その取引自体が課税されないため、税の累積を排除する必要がないことから、非課税取引に要する課税仕入れ等の税額については、原則として仕入税額控除の対象とはしないこととされています。

2割特例や簡易課税を適用する場合には、課税標準額に対する消費税額に80％やみなし仕入率を乗じて仕入控除税額を計算することから、非課税とされている取引分については考慮する必要はありませんが、本則課税を適用する場合については、その行った非課税取引に要する課税仕入れ等の税額を仕入税額控除の対象から除外する必要があります。

そのため、**「課税資産の譲渡等のみを行っている事業者」**については、非課税とされる取引がないこと、**「課税売上高が5億円以下で、かつ、課税売上割合が95％以上である事業者」**については非課税とされる取引の割合が少ないことから事務負担に配慮し、それぞれ、その課税期間中に行った課税仕入れ等の税額の全額が仕入控除税額となります。

一方、「課税売上高が5億円を超える事業者」及び**「課税売上割合**

が95%未満の事業者」は、非課税とされる取引に要した課税仕入れ等の税額を除外する必要があることから、個別対応方式又は一括比例配分方式で計算した金額が仕入控除税額となります。

●仕入税額控除の計算

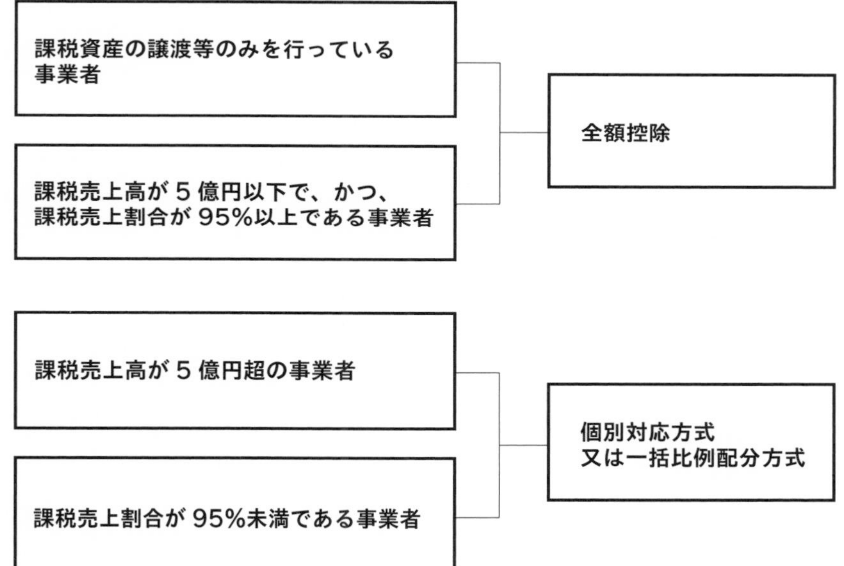

課税売上割合の計算

課税売上割合とは、その課税期間中の国内における資産の譲渡等の対価の額の合計額のうちにその課税期間中の国内における課税資産の譲渡等の対価の額の合計額の占める割合をいいます（法30⑥）。

$$課税売上割合 = \frac{課税資産の譲渡等の対価の額の合計額}{資産の譲渡等の対価の額の合計額}$$

$$= \frac{課税売上高＋免税売上高}{課税売上高＋免税売上高＋非課税売上高}$$

なお、課税売上割合の計算に当たって、留意すべき点は次のとおりです。

① 課税資産の譲渡等の対価の額の合計額及び資産の譲渡等の対価の額の合計額は、いずれも消費税及び地方消費税の額を含まず、また、売上対価の返還等の金額（売上げにつき返品を受け、値引き、割戻し、割引をした金額）を控除した後の金額となります（令48①）。

② 資産の譲渡等の対価として取得した金銭債権を譲渡した場合には、その譲渡は非課税となりますが、その譲渡の対価の額は非課税売上高に含めません（令48②二）。

③ 特定の有価証券等及び貸付金、預金、その他の金銭債権（②の資産の譲渡等の対価として取得したものを除きます）の譲渡の対価の額は、その譲渡対価の額の5％相当額が非課税売上高となります（令48⑤）。

④ 課税売上割合の計算は、原則として端数処理を行わないこととされていますが、事業者がその生じた端数を切り捨てている場合

には、その処理が認められます（基通11－5－6）。

Ⅲ 個別対応方式による仕入控除税額の計算

個別対応方式による仕入控除税額は、その課税期間中に行った課税仕入れ等に係る消費税額を次の3つに区分し、下記の算式により計算した金額となります（法30②一）。

①　課税資産の譲渡等にのみ要するもの

②　非課税資産の譲渡等にのみ要するもの

③　課税資産の譲渡等と非課税資産の譲渡等に共通して要するもの

仕入控除税額＝①の消費税額＋③の消費税額×課税売上割合

なお、個別対応方式を適用する場合には、「課税売上割合」に代えて「課税売上割合に準ずる割合」によることができます。

課税売上割合に準ずる割合とは、使用人の数又は従事割合、消費又は使用する資産の価額又は使用割合その他課税資産の譲渡等と非課税資産の譲渡等に共通して要するものの性質に応ずる合理的な基準により算出した割合をいいますが、その割合によって仕入控除税額の計算を行うためには所轄税務署長の承認を受ける必要があります（法30③、基通11－5－7）。

1 「課税資産の譲渡等にのみ要するもの」とは

課税資産の譲渡等にのみ要するものとは、課税資産の譲渡等を行うためにのみ必要な課税仕入れ等をいい、例えば、次に掲げるものの課税仕入れ等がこれに該当します（基通11－2－12）。

また、国外において行う資産の譲渡等のための課税仕入れ等は、課税資産の譲渡等にのみ要するものに該当します（基通11－2－13)。

①　そのまま他に譲渡される課税資産

②　課税資産の製造用にのみ消費し、又は使用される原材料、容器、包紙、機械及び装置、工具、器具、備品等

③　課税資産に係る倉庫料、運送費、広告宣伝費、支払手数料又は支払加工賃等

2 「非課税資産の譲渡等にのみ要するもの」とは

非課税資産の譲渡等にのみ要するものとは、その資産の譲渡等が非課税となる資産の譲渡等にのみ要する課税仕入れ等をいい、例えば、販売用の土地の造成に係る課税仕入れのほか、例えば、次に掲げるものの課税仕入れ等がこれに該当します（基通11－2－15)。

①　販売用の土地の取得に係る仲介手数料

②　土地の譲渡に係る仲介手数料

③　有価証券の売買手数料

④　住宅の賃貸に係る仲介手数料

3 「課税資産の譲渡等と非課税資産の譲渡等に共通して要するもの」とは

課税資産の譲渡等と非課税資産の譲渡等に共通して要するものとは、課税資産の譲渡等と非課税資産の譲渡等を行う事業者において、これらの資産の譲渡等に共通して使用される減価償却資産や消耗品、通信費、水道光熱費等が該当します。

ただし、課税資産の譲渡等と非課税資産の譲渡等に共通して要するものに該当する課税仕入れ等であっても、例えば、原材料、包装材料、

倉庫料、電力料等のように生産実績その他の合理的な基準により課税資産の譲渡等にのみ要するものと非課税資産の譲渡等にのみ要するものとに区分することが可能なものについてその合理的な基準により区分している場合には、その区分したところにより個別対応方式を適用することができます（基通11－2－19）。

また、資産の譲渡等に該当しない損害賠償金の請求を行う場合の弁護士費用等、いわゆる不課税取引に要する課税仕入れ等は、課税資産の譲渡等と非課税資産の譲渡等に共通して要するものに該当するものとして取り扱われます（基通11－2－16）。

Ⅳ 一括比例配分方式による仕入控除税額の計算

一括比例配分方式による仕入控除税額の計算は、その課税期間中の課税仕入れ等に係る消費税額を個別対応方式（142～143ページ）の1、2及び3のように区分されていない場合又はこの方式を選択する場合に適用します（法30②二）。

なお、一括比例配分方式を適用して仕入控除税額を計算した事業者は、2年間継続適用した後でなければ、個別対応方式を適用することはできません（法30⑤）。

一括比例配分方式による仕入控除税額は、次の算式により計算した金額となります。

仕入控除税額＝課税仕入れ等に係る消費税額×課税売上割合

仕入控除税額の調整

仕入控除税額の調整とは、その行った仕入税額控除について、一定の事実が生じた場合に、その事実が生じた課税期間において仕入控除税額の調整計算を行うものです。

1 仕入控除税額に加算するもの～居住用賃貸建物を課税賃貸の用に供した場合又は譲渡した場合の仕入控除税額の調整

非課税とされる住宅の貸付けの用に供する建物（居住用賃貸建物）の課税仕入れ等に係る消費税額は、仕入税額控除の対象とはなりません（法30⑩）。

この仕入税額控除の対象とならなかった居住用建物について、「調整期間」に居住用以外の賃貸（課税賃貸）の用に供した場合、又は他の者に譲渡した場合には、仕入控除税額の調整を行うこととされています（法35の2）。

POINT

■調整期間

調整期間とは、居住用賃貸建物の仕入れ等の日から同日の属する課税期間の初日以後3年を経過する日の属する課税期間の末日までの期間をいいます。

1 調整期間に課税賃貸の用に供した場合

調整期間中にその建物を住宅の貸付け以外の貸付けの用（課税賃貸用）に供した場合には、居住用賃貸建物に係る課税仕入れ等の消費税額に「課税賃貸割合」を乗じて計算した金額を課税賃貸の用に供した課税期間の仕入控除税額に加算して控除税額の調整を行います（法35の2①）。

〈課税賃貸割合〉

課税賃貸割合 ＝

$$\frac{\text{調整期間に行った課税賃貸の対価の額の合計額}}{\text{調整期間に行った居住用賃貸建物の貸付けの対価の額の合計額}}$$

〈加算する金額〉

加算する金額 ＝

居住用賃貸建物の課税仕入れ等に係る消費税額 × 課税賃貸割合

2 調整期間に他の者に譲渡した場合

調整期間中に居住用賃貸建物の全部又は一部を他の者に譲渡した場合には、居住用賃貸建物に係る課税仕入れ等の消費税額に「課税譲渡等割合」を乗じて計算した金額をその譲渡をした課税期間の仕入控除税額に加算して控除税額の調整を行います（法35の2②）。

〈課税譲渡等割合〉

$$\text{課税譲渡等割合} = \frac{\text{調整期間に行った課税賃貸の対価の額の合計額} + \text{居住用賃貸建物の譲渡の対価の額}}{\text{調整期間に行った居住用賃貸建物の貸付けの対価の額の合計額} + \text{居住用賃貸建物の譲渡の対価の額}}$$

〈加算する金額〉

加算する金額＝

居住用賃貸建物の課税仕入れ等に係る消費税額×課税譲渡等割合

2 仕入控除税額から控除するもの

1 仕入対価の返還等を受けた場合の消費税額の調整

課税仕入れにつき、返品をし、又は値引き、割戻しや割引を受けたことにより、課税仕入れに係る支払対価の額の全部若しくは一部の返還又は買掛金その他の債務の全部又は一部の減額（以下「仕入対価の返還等」といいます）を受けた場合には、仕入対価の返還等を受けた課税期間中の課税仕入れ等に係る消費税額から仕入対価の返還等に係る消費税額を控除します。この場合において、控除しきれない金額があるときは、その課税期間の課税標準額に対する消費税額に加算します（法32）。

〈仕入対価の返還等に係る消費税額〉

仕入対価の返還等に係る消費税額 ＝

仕入対価の返還等の金額（税込み）× 7.8／110＊

＊軽減税率分については6.24／108

〈仕入控除税額の計算〉

① 課税仕入れ等に係る消費税額の全額が仕入税額控除の対象となる場合

仕入控除税額

＝課税仕入れ等に係る消費税額－仕入対価の返還等に係る消費税額

② 個別対応方式を適用する場合

その課税期間中の課税仕入れ等に係る消費税額を、㋑課税資産の譲渡等にのみ要するもの、㋺非課税資産の譲渡等にのみ要するもの、及び㋩課税資産の譲渡等と非課税資産の譲渡等に共通して要するものに区分し、個別対応方式を適用して仕入控除税額を計算する場合には、次の算式で計算した金額が仕入控除税額となります。

仕入控除税額 ＝

㋑に係る消費税額 － ㋑に係る仕入対価の返還等に係る消費税額

＋㋩に係る消費税額 × 課税売上割合

－㋩に係る仕入対価の返還等に係る消費税額 × 課税売上割合

③　一括比例配分方式を適用する場合

仕入控除税額 ＝

課税仕入れ等に係る消費税額 × 課税売上割合

－ 仕入対価の返還等に係る消費税額 × 課税売上割合

2 引取りに係る消費税額の還付金額

外国貨物の引取りに当たり納付した消費税額の還付金があった場合には、その還付があった課税期間の仕入控除税額から控除します。

3 仕入控除税額に加算、又は仕入控除税額から控除するもの

1 調整対象固定資産に係る消費税額の調整

調整対象固定資産の課税仕入れ等を行った場合において、①一定期間における課税売上割合が著しく変動した場合、②一定期間にその調整対象固定資産の用途を課税業務専用から非課税業務専用に変更した場合、又は③一定期間にその用途を非課税業務専用から課税業務専用に変更した場合には、その調整対象固定資産の課税仕入れ等を行った日の属する課税期間以降の課税期間において、仕入控除税額の調整を行うこととされています（法33～35）。

調整対象固定資産とは、建物、構築物、機械及び装置、船舶、航空機、車両及び運搬具、工具、器具及び備品、鉱業権その他の資産で、その課税仕入れ等の対価の額（税抜き）が100万円以上のものをいい

ます（令5）。

（1）課税売上割合が著しく変動した場合

調整対象固定資産の課税仕入れ等に係る消費税額について、「比例配分法」により計算した場合（課税仕入れ等の全額を控除した場合を含みます）において、その後の3年間の「通算課税売上割合」がその計算に用いた課税売上割合と比較して著しく増加したとき、又は減少したときには、次の調整計算を行い、仕入控除税額を増額又は減額します（法33）。

なお、この調整規定は、調整対象固定資産を「第3年度の課税期間」の末日において保有している場合に限って適用され、除却、廃棄、滅失又は譲渡等があったことにより保有していない場合には、適用されません（基通12－3－3）。

POINT

■比例配分法

比例配分法とは、調整対象固定資産の課税仕入れに係る消費税額について、個別対応方式による課税売上割合を乗じて計算する方法又は一括比例配分方式により計算する方法をいいます（法33②）。

■第3年度の課税期間

第3年度の課税期間とは、調整対象固定資産の課税仕入れ等を行った日の属する課税期間（仕入れ等の課税期間）の開始の日から3年を経過する日の属する課税期間をいいます（法33②）。

■通算課税売上割合

通算課税売上割合とは、仕入れ等の課税期間から第3年度の課税期間までの各課税期間の課税売上割合を通算した課税売上割合をいいます（法33②、令53③）。

○　調整計算

イ　通算課税売上割合が仕入れ等の課税期間の課税売上割合に対して「著しく増加した場合」

次の金額を第3年度の課税期間の仕入控除税額に加算します。

加算金額＝調整対象基準税額×通算課税売上割合
－調整対象基準税額×仕入れ等の課税期間の課税売上割合

POINT

■調整対象基準税額

調整対象基準税額とは、第3年度の課税期間の末日に保有している調整対象固定資産の仕入れ等の課税期間において仕入税額控除の対象とした課税仕入れ等の消費税額をいいます。

■著しく増加した場合

通算課税売上割合が仕入れ等の課税期間の課税売上割合に対して著しく増加した場合とは、次のいずれにも該当する場合をいいます。

(イ)　$\dfrac{\text{通算課税売上割合}-\text{仕入れ等の課税期間の課税売上割合}}{\text{仕入れ等の課税期間の課税売上割合}} \geqq 50/100$

(ロ)　通算課税売上割合－仕入れ等の課税期間の課税売上割合 ≧ 5/100

ロ　通算課税売上割合が仕入れ等の課税期間の課税売上割合に対して「著しく減少した場合」

次の金額を第3年度の課税期間の仕入控除税額から控除します。

減算金額 ＝ 調整対象基準税額 × 仕入れ等の課税期間の課税売上割合
－ 調整対象基準税額 × 通算課税売上割合

POINT

■著しく減少した場合

通算課税売上割合が仕入れ等の課税期間の課税売上割合に対して著しく減少した場合とは、次のいずれにも該当する場合をいいます。

（イ） $\dfrac{\text{仕入れ等の課税期間の課税売上割合}-\text{通算課税売上割合}}{\text{仕入れ等の課税期間の課税売上割合}} \geqq 50/100$

（ロ） $\text{仕入れ等の課税期間の課税売上割合}-\text{通算課税売上割合} \geqq 5/100$

（2）課税業務専用から非課税業務専用に用途を変更した場合

個別対応方式を適用し、調整対象固定資産の課税仕入れ等に係る消費税額を課税資産の譲渡等にのみ要するものとして仕入控除税額を計算した場合において、その調整対象固定資産を3年以内に非課税資産の譲渡等にのみ要するものに用途を変更したときは、その用途を変更した時期に応じ、次の消費税額をその用途を変更した課税期間の仕入控除税額から控除します（法34）。

① その調整対象固定資産の仕入れ等の日から1年を経過するまでの期間
⇒ その調整対象固定資産の課税仕入れ等の消費税額の全額

② ①の期間の翌日から1年を経過するまでの期間
⇒ その調整対象固定資産の課税仕入れ等の消費税額の2/3相当額

③ ②の期間の翌日から1年を経過するまでの期間
⇒ その調整対象固定資産の課税仕入れ等の消費税額の1/3相当額

（3）非課税業務専用から課税業務専用に用途を変更した場合

個別対応方式を適用し、調整対象固定資産の課税仕入れ等に係る消費税額を非課税資産の譲渡等にのみ要するものとして仕入控除税額を計算した場合において、その調整対象固定資産を3年以内に課税資産の譲渡等にのみ要するものに用途を変更したときは、その用途を変更した時期に応じ、次の消費税額をその用途を変更した課税期間の仕入控除税額に加算します（法35）。

①　その調整対象固定資産の仕入れ等の日から1年を経過するまでの期間
⇒　その調整対象固定資産の課税仕入れ等の消費税額の全額

②　①の期間の翌日から1年を経過するまでの期間
⇒　その調整対象固定資産の課税仕入れ等の消費税額の2/3相当額

③　②の期間の翌日から1年を経過するまでの期間
⇒　その調整対象固定資産の課税仕入れ等の消費税額の1/3相当額

2　棚卸資産に係る消費税額の調整

免税事業者が課税事業者となった場合又は課税事業者が免税事業者となった場合には、その棚卸資産に係る課税仕入れ等に係る消費税額について調整を行うこととされています。

（1）免税事業者が課税事業者となった場合の調整

免税事業者が課税事業者となる日の前日において有する棚卸資産のうち、免税事業者であった期間中の課税仕入れ等に係るものがある場合には、その棚卸資産に係る課税仕入れ等に係る消費税額は、課税事業者となった課税期間の課税仕入れ等の税額とみなして仕入控除税額に加算します（法36①）。

なお、この調整を行う場合には、その棚卸資産の明細を記載した書類を保存することが適用要件とされています（法36②、④、令54③～⑤）。

(2) 課税事業者が免税事業者となった場合の調整

課税事業者が免税事業者となった課税期間の直前の課税期間において行った課税仕入れ等に係る棚卸資産をその直前の課税期間の末日において有している場合には、その有する棚卸資産に係る課税仕入れ等の消費税額は、その直前の課税期間の仕入控除税額から控除します（法36⑤）。

Ⅵ 仕入税額控除の要件

1 本則課税における帳簿及び請求書等の保存

本則課税を適用して仕入税額控除の適用を受けるためには、適用税率の区分を明らかにした課税仕入れ等の内容、取引価額等を記載した帳簿及び適格請求書発行事業者の登録番号が記載された適格請求書（インボイス）を保存する必要があります（適格請求書等保存方式）。

なお、適格請求書等保存方式の下では、仕入税額控除の対象となる課税仕入れは、原則として適格請求書発行事業者からのものに限られますが、適格請求書等保存方式の導入後一定期間、中小事業者の事務負担に配慮した経過措置（少額特例）や適格請求書発行事業者以外の者から行った課税仕入れについて仕入税額控除の対象とする経過措置が設けられています。

1 保存が必要な請求書等とは

仕入税額控除の要件とされる請求書等には、次の書類等が該当します（法30⑨）。

① 適格請求書

② 適格簡易請求書

③ 適格請求書又は適格簡易請求書の記載事項に係る電磁的記録

④ 事業者が課税仕入れについて作成する仕入明細書、仕入計算書等の書類で、適格請求書の記載事項が記載されているもの（課税仕入れの相手先である適格請求書発行事業者の確認を受けたもの

に限ります）

⑤　媒介又は取次ぎに係る業務を行う者（卸売市場、農業協同組合又は漁業協同組合等）が、委託を受けて行う農水産品の譲渡について作成する書類

2 適格請求書等の保存を要しない場合

仕入税額控除の適用を受けるためには、その行った課税仕入れについて帳簿及び適格請求書等の保存が要件とされていますが、取引の実態を踏まえ、次に掲げる課税仕入れについては、一定の事項が記載された帳簿のみの保存により仕入税額控除が認められます（法30⑦かっこ書、令49①、規15の4）。

①　適格請求書の交付義務が免除される公共交通機関からの課税仕入れ（3万円未満のものに限ります）

②　適格簡易請求書の要件を満たす入場券等が使用の際に回収される課税仕入れ

③　古物営業を営む者の適格請求書発行事業者以外の者からの古物等の買受けに係る課税仕入れ

④　質屋を営む者の適格請求書発行事業者以外の者からの流質物の取得に係る課税仕入れ

⑤　宅地建物取引業者を営む者の適格請求書発行事業者以外の者からの建物の取得に係る課税仕入れ

⑥　再生資源卸売業を営む事業者等の適格請求書発行事業者以外の者からの再生資源又は再生部品に係る課税仕入れ

⑦　自動販売機又は自動サービス機を利用した課税仕入れ（3万円未満のものに限ります）

⑧　郵便ポストに投函する郵便物及び貨物の配送に係る課税仕入れ

⑨　従業員等に支給する通常必要と認められる出張旅費、通勤手当

等に係る課税仕入れ

3 一定の規模以下の事業者の仕入税額控除の経過措置（少額特例）

基準期間における課税売上高が1億円以下又は特定期間における課税売上高が5千万円以下の事業者が、令和5年10月1日から令和11年9月30日までの間に国内において行う課税仕入れで、その課税仕入れに係る支払対価の額（税込み）が1万円未満である場合には、一定の事項が記載された帳簿の保存のみで仕入税額控除の適用を受けることができる経過措置（少額特例）が設けられています（平28年改正法附則53の2、平30改正令附則24の2①）。

また、この経過措置の適用を受ける課税仕入れについては、インボイス発行事業者以外の者からのものであっても、課税仕入れに係る支払対価の額（税込み）が1万円未満であれば、仕入税額控除の対象となります。

4 免税事業者等からの課税仕入れに係る経過措置

インボイス制度導入後（令和5年10月1日以後）は、仕入税額控除の対象は、原則として適格請求書の保存が要件とされ、適格請求書は適格請求書請求書の発行事業者として登録を受けた事業者に限って発行できるものであることから、結果として免税事業者等から課税仕入れを行っても仕入税額控除はできないことになります。

インボイス制度の導入により、直ちに免税事業者からの課税仕入れについて仕入税額控除の対象にしないとすることは、免税事業者及び免税事業者と取引を行う事業者にとって影響が大きいことを踏まえ、適格請求書等保存方式の導入後一定期間、免税事業者など適格請求書発行事業者以外の者から行った課税仕入れについて、仕入税額控除の対象とする次の経過措置が設けられています。

(1) 免税事業者等からの課税仕入れの80%控除

令和5年10月1日から令和8年9月30日までの間において、適格請求書発行事業者以外の者（免税事業者）から行った課税仕入れについて、所定の事項が記載された帳簿及び請求書等を保存している場合には、その課税仕入れに係る支払対価の額に係る消費税相当額に80%を乗じた額を課税仕入れに係る消費税額とみなして仕入税額控除の対象とすることができます（平28改正法附則52①）。

(2) 免税事業者等からの課税仕入れの50%控除

令和8年10月1日から令和11年9月30日までの間において、適格請求書発行事業者以外の者（免税事業者）から行った課税仕入れについて、所定の事項が記載された帳簿及び請求書等を保存している場合には、その課税仕入れに係る支払対価の額に係る消費税相当額に80%を乗じた額を課税仕入れに係る消費税額とみなして仕入税額控除の対象とすることができます（平28改正法附則53①）。

2 帳簿及び請求書等の保存期間

帳簿及び請求書等は、これを整理し、確定申告期限後7年間、納税地又は取引に係る事務所、事業所その他これらに準ずるものの所在地に保存することとされています。

ただし、帳簿を7年間保存することとしている場合には請求書等は5年間、請求書等を7年間保存することとしている場合には帳簿は5年間を超えて保存することは要しないこととされています（令50①、規15の3、基通11－6－7）。

第6章

小規模事業者と仕入税額控除制度
～有利選択のポイント

消費税の納付税額の計算は、課税標準額に対する消費税額から仕入控除税額を控除することによって行います。

課税標準額に対する消費税額は、その課税期間中に行った課税資産の譲渡等の対価の額から自動的に算定されることになりますから、どのように仕入控除税額を算定するか、すなわち、仕入税額控除の方式として定められている2割特例、簡易課税又は本則課税（個別対応方式、一括比例配分方式）のいずれを選択するかによって、納付税額は変動することになります。

そのため、個々の事業者の営む事業の状況（売上げや仕入れの状況、事務処理能力等）によって、仕入税額控除の方式としていずれを選択するかを判断する必要があります。

本章では、①インボイス制度導入に伴い経過措置として設けられた2割特例、②事業者の事務負担に配慮して設けられている簡易課税、及び③本則課税のそれぞれの方式について、その概要及びメリット、デメリットについて解説します。

Ⅰ　2割特例

1　2割特例を適用した場合の納付税額

2割特例を適用した場合には、80ページに記載のとおり、実際の課税仕入れ等の状況にかかわらず、課税標準額に対する消費税額に80%を乗じて計算した金額を仕入控除税額とし、その金額を課税標準額に対する消費税額から控除することによって消費税の納付税額を計算することになります。

〈2割特例による納付税額の計算〉

納付税額　＝　課税標準額に対する消費税額　－　仕入控除税額＊

＊　課税標準額に対する消費税額×80％

2　2割特例選択のメリット・デメリット

1　メリット

（1）納付税額の軽減効果

2割特例は、インボイス制度への移行に伴い、小規模事業者の納税負担、事務負担に配慮して経過措置として設けられたものですから、仕入控除税額が課税標準額の80％と設定されており、原則として他の方式よりも納付税額が少なく計算されます。

（2）事務負担の軽減効果

2割特例は、簡易課税と同様に本則課税において必要な実額による課税仕入れに係る消費税額の計算や仕入れに係る帳簿及びインボイス等の保存の必要がありません。また、簡易課税を適用する場合に必要な事業区分を行う必要がありません。

2　デメリット

●　納付税額の増加

2割特例を適用した場合には、実際の課税仕入れの多寡にかかわらず、課税標準額に対する消費税額の8割を仕入控除税額とみなすことから、実際の課税仕入れに係る消費税額が8割を超える場合には、納付税額が過大に計算されることになります。

例えば、設備投資等を行い、多額の課税仕入れが生じたことにより本則課税を適用すれば還付申告となる場合であっても納付税額が生じることになります。

Ⅱ 簡易課税

1 簡易課税を適用した場合の納付税額

簡易課税を適用した場合には、86ページに記載のとおり、実際の課税仕入れ等の状況にかかわらず、課税標準額に対する消費税額にみなし仕入率を乗じて計算した金額を仕入控除税額とし、その金額を課税標準額に対する消費税額から控除することによって消費税の納付税額を計算することになります。

〈簡易課税による納付税額の計算〉

納付税額　＝　課税標準額に対する消費税額　－　仕入控除税額*

＊　課税標準額に対する消費税額×みなし仕入率

2 簡易課税選択のメリット・デメリット

1 メリット

(1) 事務負担の軽減効果

簡易課税は、2割特例と同様に本則課税において必要な実額による課税仕入れに係る消費税額の計算や仕入れに係る帳簿及びインボイス等の保存の必要がありません。

(2) 納税額の軽減効果

簡易課税のみなし仕入率は、事業者の課税仕入れ等の実態をもとに統計的に算定されたものですが、課税仕入れ等の実額に比べて若干高めに設定されており、本則課税よりも納付税額の計算が有利となっています。

2 デメリット

(1) 事務負担の増加①

その行う課税資産の譲渡等について適用されるみなし仕入率に応じた区分をする必要があります。

(2) 事務負担の増加②

簡易課税を適用するためには、原則としてその適用をしようとする課税期間の開始の日の前日までに簡易課税制度選択届出書を提出する必要があります。そのため、翌課税期間の課税仕入れ等の状況を基に判断する必要があります。

(3) 事務負担の増加③

簡易課税制度選択不適用届出書を提出するまでは、継続して簡易課税が適用されることになりますから、翌課税期間以降の課税仕入れ等の状況をもとにその届出書の提出について検討する必要があります。

(4) 納付税額の増加①

簡易課税を適用した場合には、実際の課税仕入れの多寡にかかわらず、課税標準額に対する消費税額にみなし仕入率を乗じた金額を仕入控除税額とみなすことから、実際の課税仕入れ係る消費税額がみなし仕入率を乗じた金額を超える場合には、納付税額が過大に計算されることになります。例えば、設備投資等を行い、多額の課税仕入れが生じたことにより本則課税を適用すれば還付申告となる場合であっても納付税額が生じることになります。

(5) 納付税額の増加②

簡易課税を選択した場合には、2年間継続して適用することとされています。そのため、継続適用期間中に多額の設備投資等を行った場合、本則課税を適用することができず、納付税額が過大となる可能性があります。

本則課税

1 本則課税を適用した場合の仕入税額控除

本則課税を適用した場合には、138ページに記載のとおり、実際の課税仕入れ等の実額をもとに、課税売上割合の多寡に応じ、全額控除、個別対応方式又は一括比例配分方式のいずれかで計算した金額を仕入控除税額とし、課税標準額に対する消費税額から控除することによって消費税の納付税額を計算することになります。

〈本則課税による納付税額の計算〉

納付税額　＝

課税標準額に対する消費税額　－　仕入控除税額（実額をもとに計算）

2 本則課税選択のメリット・デメリット

1 メリット

● 実態を反映

本則課税の仕入控除税額の計算は、実際の課税仕入れ等の実額をもとに行うことになりますから、想定外の課税仕入れ等が発生した場合であっても、その課税仕入れ等が仕入控除税額の計算に反映することができます。

2 デメリット

●　事務負担の増加

本則課税を適用して仕入税額控除を行う場合には、その課税仕入れ等についての帳簿への記載及びインボイス等の保存が必要となります。

 選択のポイント

通常、2割特例を選択することが事務負担及び納付税額の計算上、有利と考えられますが、その課税期間中の課税売上げの内容や、高額な資産を購入したり、経費が多く発生したりといった課税仕入れの多寡によっては、納付税額の計算上、簡易課税又は本則課税が有利となることも生じることになります。

したがって、消費税の申告に当たっては、その課税期間中に行った課税売上げ及び課税仕入れの状況をもとにその選択を検討する必要があります。

1　2割特例と本則課税との比較

2割特例による仕入控除税額は、課税標準額に対する消費税額の80％相当額とされていますから、その金額を上回る課税仕入れが発生している場合には、本則課税の選択を検討する必要があります。

2割特例		本則課税
課税標準額に対する消費税額 × 80%		課税仕入れに係る消費税額

 本則課税が有利

2　2割特例と簡易課税との比較

2割特例による仕入控除税額は、課税標準額に対する消費税額の80％相当額とされていますから、事業者が営む事業がみなし仕入率

90％が適用される卸売業の場合には、簡易課税が有利となります。

２割特例		簡易課税
課税標準額に対する消費税額 × 80％		課税標準額に対する消費税額 × 90％（卸売業）

簡易課税が有利

注意点　２割特例の適用が可能な事業者が簡易課税を適用する場合には、その課税期間の末日までに「簡易課税制度選択届出書」を提出する必要があります。

3　簡易課税と本則課税との比較

簡易課税を適用した場合のみなし仕入率による仕入控除税額と原則課税を適用した仕入控除税額を比較し、有利な方を選択する必要があります。

簡易課税		本則課税
課税標準額に対する消費税額 × みなし仕入率		課税仕入れに係る消費税額

2割特例が適用できる期間中であっても、その課税期間の基準期間の課税売上高が1千万円を超える場合などには、2割特例を適用することはできません。このような場合には、簡易課税又は本則課税のどちらかを選択する必要があります。

なお、簡易課税を適用するためには、原則としてその適用しようとする課税期間の開始前に簡易課税制度選択届出書を提出する必要がありますが、令和5年10月1日から令和9年9月30日を含む課税期間については、その基準期間の課税売上高が1千万円を超え、2割特例の適用がない課税期間において簡易課税を適用する場合には、その適用しようとする課税期間の末日までに簡易課税制度選択届出書を提出すれば簡易課税を適用することができる経過措置が設けられています（平28年改正法附則51の2⑥）。

第7章

2割特例・簡易課税・本則課税による納付税額の計算

I　2割特例を適用した場合の納付税額の計算

2割特例を適用して計算した場合の納付税額の計算について説明します。

すべて標準税率7.8%（地方消費税と合わせて10%）が適用されている取引を前提とし、課税標準額に対する消費税額の計算に当たっては、「割戻し計算」（43ページ参照）の方法を採用しています。

1　具体的な納付税額の計算例①

事例1　免税事業者であった個人事業者が令和５年10月１日からインボイス発行事業者の登録を受けた場合の令和５年分の納付税額の計算

1　課税売上高	8,900,000円
令和5年1月1日から9月30日までの分	6,600,000円
令和5年10月1日から12月31日までの分	2,300,000円（税込）
2　課税仕入れの金額	2,500,000円（税込）
令和5年1月1日から9月30日までの分	1,850,000円（税込）
令和5年10月1日から12月31日までの分	650,000円(税込)
3　売上対価の返還等の金額	205,000円
令和5年9月30日までの課税売上げに係るもの	150,000円
令和5年10月1日以降の課税売上げに係るもの	55,000円(税込)
4　基準期間の課税売上高	
令和5年分の基準期間である令和3年分の課税売上高	7,548,500円

1　課税標準額に対する消費税額

(1)　課税資産の譲渡等の対価の額（税抜）

2,300,000円×100／110＝2,090,909円

＊インボイス発行事業者となった日以降の課税売上高が対象となります。

＊売上対価の返還等の金額（税込）を課税資産の譲渡等の対価の額から直接減額している場合には、その減額後の金額を基に計算します（事例2についても同じです）。

⑵　課税標準額

2,090,909円　⇒　2,090,000円（千円未満切捨て）

⑶　課税標準額に対する消費税額

2,090,000円×7.8％＝163,020円

2　売上対価の返還等に係る消費税額

55,000円×7.8／110＝3,900円

＊インボイス発行事業者となった日以降の課税売上げに係る売上対価の返還等の金額が対象となります。

＊売上対価の返還等の金額（税込）を課税資産の譲渡等の対価の額から直接減額している場合には、この計算の必要はありません（以下、「3　控除税額」の計算においても、その計算に含める必要はありません。事例2においても同じです）。

3　控除税額

⑴　仕入控除税額

（163,020円－3,900円）×80％＝127,296円

＊課税標準額に対する消費税額から売上対価の返還等に係る消費税額を控除した後の金額に80％を乗じて計算します。

⑵　売上対価の返還等に係る消費税額

3,900円

⑶　控除税額

127,296円＋3,900円＝131,196円

4　差引税額

課税標準額に対する消費税額　　　　控除税額

163,020円　－　131,196円 ＝31,824円

⇒　31,800円（百円未満切捨て）

5　地方消費税額

31,800円×22／78＝8,969円

⇒　8,900円（百円未満切捨て）

6　消費税及び地方消費税の合計納付税額

31,800円＋8,900円＝40,700円

2 申告書の作成例

事例1を基に消費税及び地方消費税の確定申告書第一表（一般用又は簡易課税用）、申告書第二表及び付表6を作成すると次のとおりです。

なお、確定申告書第一表については、簡易課税制度選択届出書を提出している場合には「簡易課税用」を、提出していない場合には「一般用」を使用することになります。作成例は、「一般用」を使用しています。

付表6、第2表、第一表の順で作成します。

ステップ1　付表6　税率別消費税額計算表【小規模事業者に係る税額控除に関する経過措置を適用する課税期間用】の作成

①　付表6において、「①課税資産の譲渡等の対価の額」欄、「②課税標準額」欄、「③課税標準額に対する消費税額」欄、「⑤売上対価の返還等に係る消費税額」欄及び「⑦特別控除税額」欄を記載します。

②　なお、事例1については、貸倒回収、貸倒れがないことから、「④

貸倒回収に係る消費税額」欄、「⑧貸倒れに係る税額」欄の記載はありません（事例2についても同じです）。

ステップ2　**申告書第二表の作成**

○　付表6で計算した金額を申告書第二表に転記します。

ステップ3　**申告書第一表の作成**

①　申告書第二表に記載した金額を申告書第一表に転記し、消費税の納付税額を基に地方消費税の納付税額を計算します。

②　2割特例を適用しますから、「税額控除に係る経過措置の適用（2割特例）」欄に○印を付けます。

GK0306

第3－(1)号様式

令和　年　月　日　税務署長殿

納税地	○○○○（電話番号　－　－　）
（フリガナ）	
屋号	○○○○
個人番号	XXXXXXXXXXXX
（フリガナ）	
氏名	○○○○

（個人の方）振替継続希望

※税務署処理欄

個人事業者用　第一表　令和五年十月一日以後終了課税期間分（一般用）

自 令和 5年 1月 1日　至 令和 5年 12月 31日

課税期間分の消費税及び地方消費税の（ 確定 ）申告書

中間申告の場合の対象期間　自 令和　年　月　日　至 令和　年　月　日

この申告書による消費税の税額の計算

課税標準額	①	2090000	03
消費税額	②	163020	06
控除過大調整税額	③		07
控除税額	控除対象仕入税額 ④	127296	08
	返還等対価に係る税額 ⑤	3900	09
	貸倒れに係る税額 ⑥		10
	控除税額小計（④+⑤+⑥）⑦	131196	
控除不足還付税額（⑦－②－③）	⑧		13
差引税額（②+③－⑦）	⑨	31800	15
中間納付税額	⑩	00	16
納付税額（⑨－⑩）	⑪	31800	17
中間納付還付税額（⑩－⑨）	⑫	00	18
この申告書が修正申告である場合	既確定税額 ⑬		19
	差引納付税額 ⑭	00	20
課税売上割合	課税資産の譲渡等の対価の額 ⑮		21
	資産の譲渡等の対価の額 ⑯		22

この申告書による地方消費税の税額の計算

地方消費税の課税標準となる消費税額	控除不足還付税額 ⑰		51
	差引税額 ⑱	31800	52
譲渡割額	還付額 ⑲		53
	納税額 ⑳	8900	54
中間納付譲渡割額	㉑	00	55
納付譲渡割額（⑳－㉑）	㉒	8900	56
中間納付還付譲渡割額（㉑－⑳）	㉓	00	57
この申告書が修正申告である場合	既確定譲渡割額 ㉔		58
	差引納付譲渡割額 ㉕	00	59
消費税及び地方消費税の合計（納付又は還付）税額	㉖	40700	60

㉖＝（⑪＋㉒）－（⑧＋⑫＋⑲＋㉓）・修正申告の場合㉖＝⑭＋㉕
㉖が還付税額となる場合はマイナス「－」を付してください。

⑪・㉒又は⑫・㉓の記入をお忘れなく。

付記事項・参考事項

項目	有	無	
割賦基準の適用		○	31
延払基準等の適用		○	32
工事進行基準の適用		○	33
現金主義会計の適用		○	34
課税標準額に対する消費税額の計算の特例の適用			35

控除税額の計算方法：課税売上高5億円超又は課税売上割合95%未満（個別対応方式／一括比例配分方式）、上記以外（全額控除）　41

基準期間の課税売上高　7,548 千円

○ 税額控除に係る経過措置の適用（2割特例）　42

還付を受けようとする金融機関等：銀行・金庫・組合・農協・漁協　本店・支店・出張所・本所・支所　預金　口座番号　ゆうちょ銀行の貯金記号番号　－　郵便局名等

（個人の方）公金受取口座の利用

※税務署整理欄

税理士署名（電話番号　－　－　）

税理士法第30条の書面提出有

税理士法第33条の2の書面提出有

※　2割特例による申告の場合、⑱欄に⑪欄の数字を記載し、⑳欄×22/78から算出された金額を⑳欄に記載してください。

OCR入力用（この用紙は機械で読み取ります。折ったり汚したりしないでください。）

GK0602

第3－(2)号様式

課税標準額等の内訳書

整理番号

個人事業者用

納税地	○○○○ (電話番号　　－　　－　　)
(フリガナ)	
屋号	○○○○
(フリガナ)	
氏名	○○○○

改正法附則による税額の特例計算			
軽減売上割合(10営業日)	○	附則38①	51
小売等軽減仕入割合	○	附則38②	52

第二表

令和四年四月一日以後終了課税期間分

OCR入力用（この用紙は機械で読み取ります。折ったり汚したりしないでください。）

自 令和 5年 1月 1日
至 令和 5年 12月 31日

課税期間分の消費税及び地方消費税の（　確定　）申告書

中間申告の場合の対象期間　自 令和　年　月　日　至 令和　年　月　日

項目		番号	金額（十兆千百十億千百十万千百十一円）	
課税標準額 ※申告書(第一表)の①欄へ		①	2090000	01
課税資産の譲渡等の対価の額の合計額	3 %適用分	②		02
	4 %適用分	③		03
	6.3 %適用分	④		04
	6.24 %適用分	⑤		05
	7.8 %適用分	⑥	2090909	06
	(②～⑥の合計)	⑦		07
特定課税仕入れに係る支払対価の額の合計額 (注1)	6.3 %適用分	⑧		11
	7.8 %適用分	⑨		12
	(⑧・⑨の合計)	⑩		13
消費税額 ※申告書(第一表)の②欄へ		⑪	163020	21
⑪の内訳	3 %適用分	⑫		22
	4 %適用分	⑬		23
	6.3 %適用分	⑭		24
	6.24 %適用分	⑮		25
	7.8 %適用分	⑯	163020	26
返還等対価に係る税額 ※申告書(第一表)の⑤欄へ		⑰	3900	31
⑰の内訳	売上げの返還等対価に係る税額	⑱	3900	32
	特定課税仕入れの返還等対価に係る税額 (注1)	⑲		33
地方消費税の課税標準となる消費税額 (注2)	(㉑～㉓の合計)	⑳	31800	41
	4 %適用分	㉑		42
	6.3 %適用分	㉒		43
	6.24%及び7.8% 適用分	㉓	31800	44

(注1) ⑧～⑩及び⑲欄は、一般課税により申告する場合で、課税売上割合が95％未満、かつ、特定課税仕入れがある事業者のみ記載します。
(注2) ⑳～㉓欄が還付税額となる場合はマイナス「－」を付してください。

第4-(13)号様式

付表6　税率別消費税額計算表
〔小規模事業者に係る税額控除に関する経過措置を適用する課税期間用〕

特 別

課税期間	令和 5・1・1 ～ 令和 5・12・31	氏名又は名称	○○○○

Ⅰ　課税標準額に対する消費税額及び控除対象仕入税額の計算の基礎となる消費税額

区分		税率 6.24 % 適用分 A	税率 7.8 % 適用分 B	合計 C (A+B)
課税資産の譲渡等の対価の額	①	※第二表の⑤欄へ 円	※第二表の⑥欄へ 円 2,090,909	※第二表の⑦欄へ 円 2,090,909
課税標準額	②	①A欄(千円未満切捨て) 000	①B欄(千円未満切捨て) 2,090 000	※第二表の①欄へ 2,090 000
課税標準額に対する消費税額	③	(②A欄×6.24/100) ※第二表の⑮欄へ	(②B欄×7.8/100) ※第二表の⑯欄へ	※第二表の⑪欄へ
貸倒回収に係る消費税額	④		163,020	※第一表の③欄へ 163,020
売上対価の返還等に係る消費税額	⑤		3,900	※第二表の⑰、⑱欄へ 3,900
控除対象仕入税額の計算の基礎となる消費税額 (③＋④－⑤)	⑥		159,120	159,120

Ⅱ　控除対象仕入税額とみなされる特別控除税額

項目		税率 6.24 % 適用分 A	税率 7.8 % 適用分 B	合計 C (A+B)
特別控除税額 (⑥×80%)	⑦		127,296	※第一表の④欄へ 127,296

Ⅲ　貸倒れに係る税額

項目		税率 6.24 % 適用分 A	税率 7.8 % 適用分 B	合計 C (A+B)
貸倒れに係る税額	⑧			※第一表の⑥欄へ

注意　金額の計算においては、1円未満の端数を切り捨てる。

(R5.10.1以後終了課税期間用)

3 具体的な納付税額の計算例②

事例2　事例１の事業者の令和６年分の納付税額の計算

1	課税売上高	12,000,000円（税込）
2	課税仕入れの金額	4,000,000円（税込）
3	売上対価の返還等の金額	250,000円（税込）
4	基準期間の課税売上高	

令和6年分の基準期間である令和4年分の課税売上高8,765,421円

1　課税標準額に対する消費税額

(1)　課税資産の譲渡等の対価の額（税抜）

12,000,000円×100 ／ 110＝10,909,090円

(2)　課税標準額

10,909,090円　⇒　10,909,000円（千円未満切捨て）

(3)　課税標準額に対する消費税額

10,909,000円×7.8%＝850,902円

2　売上対価の返還等に係る消費税額

250,000円×7.8 ／ 110＝17,727円

＊インボイス発行事業者となった日以降の課税売上げに係る売上対価の返還等の金額が対象となります。

3　控除税額

(1)　仕入控除税額

（850,902円－17,727円）×80%＝666,540円

＊課税標準額に対する消費税額から売上対価の返還等に係る消費税額を控除した後の金額に80%を乗じて計算します。

(2)　売上対価の返還等に係る消費税額

17,727円

⑶　控除税額

666,540円＋17,727円＝684,267円

5　差引税額

課税標準額に対する消費税額　　　控除税額

850,902円　－　684,267円＝166,635円

⇒　166,600円（百円未満切捨て）

6　地方消費税額

166,600円×22／78＝46,989円

⇒　46,900円（百円未満切捨て）

7　消費税及び地方消費税の合計納付税額

166,600円＋46,900円＝213,500円

なお、免税事業者である個人事業者がインボイス制度導入によりインボイス発行事業者の登録をした場合には、令和7年分及び令和8年分の申告についても2割特例を適用することができることとされています。

ただし、本事例の場合、令和7年分の基準期間である令和5年分、令和8年分の基準期間である令和6年分の課税売上高は、それぞれ次のとおり算定されます。

令和5年分　事例1の課税売上高　8,900,000円

・令和5年1月1日から9月30日までの分 6,600,000円

・令和5年10月1日から12月31日までの分

2,300,000円（税込）

売上対価の返還等の金額

・令和5年1月1日から9月30日までの分　150,000円

・令和5年10月1日から12月31日までの分

55,000円（税込）

(6,600,000円－150,000円)＋(2,3000,000円－55,000円)×100／110
＝8,490,909円

＊令和5年1月1日から9月30日までの期間は免税事業者に該当することから、課税売上高6,600,000円及び売上対価の返還等の金額については税抜処理（100／110）を行いません。

令和6年分　事例2の課税売上高　12,000,000円（税込）
・売上対価の返還等の金額　250,000円（税込）
（12,000,000円－250,000円）×100／110＝10,681,818円

したがって、令和7年分については、その基準期間である令和5年分の課税売上高が8,490,909円（1千万円以下）であることから2割特例を適用することができますが、令和8年分については、令和6年分の課税売上高が10,681,818円（1千万円超）であり、インボイス制度の導入に伴ってインボイス発行事業者になっていたとしても、それにかかわらず課税事業者に該当しますから、2割特例を適用することはできないことになります。

そのため、令和8年分については、簡易課税を選択することについて検討を行い、その選択をする場合には、令和8年中に簡易課税制度選択届出書を提出する必要があります。

●　令和６年分の課税売上高が１千万円を超えた場合の簡易課税制度選択届出書の提出時期

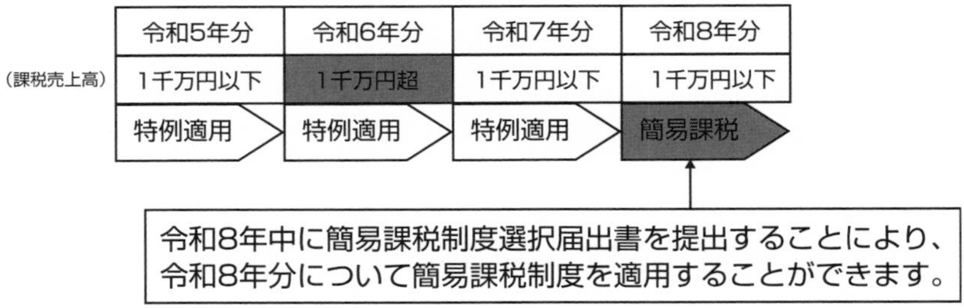

	令和5年分	令和6年分	令和7年分	令和8年分
（課税売上高）	1千万円以下	1千万円超	1千万円以下	1千万円以下
	特例適用	特例適用	特例適用	簡易課税

令和8年中に簡易課税制度選択届出書を提出することにより、令和8年分について簡易課税制度を適用することができます。

4　申告書の作成例

事例1と同様の流れで申告書を作成します。

GK0306

第3－(1)号様式

令和　年　月　日　税務署長殿

納税地　○○○○（電話番号　－　－　）

屋号　○○○○

個人番号　XXXXXXXXXXXX

氏名　○○○○

（個人の方）振替継続希望

自 令和 6年1月1日
至 令和 6年12月31日

課税期間分の消費税及び地方消費税の（確定）申告書

この申告書による消費税の税額の計算		
課税標準額	①	10909000
消費税額	②	850902
控除過大調整税額	③	
控除対象仕入税額	④	666540
返還等対価に係る税額	⑤	17727
貸倒れに係る税額	⑥	
控除税額小計（④+⑤+⑥）	⑦	684267
控除不足還付税額（⑦－②－③）	⑧	
差引税額（②+③－⑦）	⑨	166600
中間納付税額	⑩	00
納付税額（⑨－⑩）	⑪	166600
中間納付還付税額（⑩－⑨）	⑫	00
既確定税額	⑬	
差引納付税額	⑭	00
課税資産の譲渡等の対価の額	⑮	
資産の譲渡等の対価の額	⑯	

この申告書による地方消費税の税額の計算		
控除不足還付税額	⑰	
差引税額	⑱	166600
還付額	⑲	
納税額	⑳	46900
中間納付譲渡割額	㉑	00
納付譲渡割額（⑳－㉑）	㉒	46900
中間納付還付譲渡割額（㉑－⑳）	㉓	00
既確定譲渡割額	㉔	
差引納付譲渡割額	㉕	00
消費税及び地方消費税の合計（納付又は還付）税額	㉖	213500

付記事項	有	無
割賦基準の適用		○
延払基準等の適用		○
工事進行基準の適用		○
現金主義会計の適用		○
課税標準額に対する消費税額の計算の特例の適用		

参考事項：基準期間の課税売上高　8,765千円

○ 税額控除に係る経過措置の適用（2割特例）

税理士署名

㉖＝（⑪＋㉒）－（⑧＋⑫＋⑲＋㉓）・修正申告の場合㉖＝⑭＋㉕
㉖が還付税額となる場合はマイナス「－」を付してください。

※　2割特例による申告の場合、⑱欄に⑨欄の数字を記載し、⑳欄×22/78から算出された金額を⑳欄に記載してください。

GK0602

第3－(2)号様式

課税標準額等の内訳書

整理番号

OCR入力用（この用紙は機械で読み取ります。折ったり汚したりしないでください。）

納税地	○○○○（電話番号　－　－　）
（フリガナ）	
屋号	○○○○
（フリガナ）	
氏名	○○○○

改正法附則による税額の特例計算			
軽減売上割合（10営業日）	○	附則38①	51
小売等軽減仕入割合	○	附則38②	52

個人事業者用

第二表　令和四年四月一日以後終了課税期間分

自 令和 6年 1月 1日
至 令和 6年 12月 31日

課税期間分の消費税及び地方消費税の（　確定　）申告書

中間申告の場合の対象期間　自 令和　年　月　日　至 令和　年　月　日

項目		番号	金額	コード
課税標準額 ※申告書（第一表）の①欄へ		①	10909000	01
課税資産の譲渡等の対価の額の合計額	3％適用分	②		02
	4％適用分	③		03
	6.3％適用分	④		04
	6.24％適用分	⑤		05
	7.8％適用分	⑥	10909090	06
	（②～⑥の合計）	⑦	10909090	07
特定課税仕入れに係る支払対価の額の合計額（注1）	6.3％適用分	⑧		11
	7.8％適用分	⑨		12
	（⑧・⑨の合計）	⑩		13
消費税額 ※申告書（第一表）の②欄へ		⑪	850902	21
⑪の内訳	3％適用分	⑫		22
	4％適用分	⑬		23
	6.3％適用分	⑭		24
	6.24％適用分	⑮		25
	7.8％適用分	⑯	850902	26
返還等対価に係る税額 ※申告書（第一表）の⑤欄へ		⑰	17727	31
⑰の内訳	売上げの返還等対価に係る税額	⑱	17727	32
	特定課税仕入れの返還等対価に係る税額（注1）	⑲		33
地方消費税の課税標準となる消費税額（注2）	（㉑～㉓の合計）	⑳	166600	41
	4％適用分	㉑		42
	6.3％適用分	㉒		43
	6.24％及び7.8％適用分	㉓	166600	44

（注1）⑧～⑩及び⑲欄は、一般課税により申告する場合で、課税売上割合が95％未満、かつ、特定課税仕入れがある事業者のみ記載します。
（注2）⑳～㉓欄が還付税額となる場合はマイナス「－」を付してください。

第4-(13)号様式

付表6　税率別消費税額計算表
〔小規模事業者に係る税額控除に関する経過措置を適用する課税期間用〕

特別

課税期間	令和 6・1・1 ～ 令和 6・12・31	氏名又は名称	○○○○

Ⅰ　課税標準額に対する消費税額及び控除対象仕入税額の計算の基礎となる消費税額

区分		税率 6.24 % 適用分 A	税率 7.8 % 適用分 B	合計 C (A+B)
課税資産の譲渡等の対価の額	①	※第二表の⑤欄へ 円	※第二表の⑥欄へ 円 1,090,9090	※第二表の⑦欄へ 円 1,090,9090
課税標準額	②	①A欄(千円未満切捨て) 000	①B欄(千円未満切捨て) 10,909 000	※第二表の①欄へ 10,909 000
課税標準額に対する消費税額	③	(②A欄×6.24/100) ※第二表の⑬欄へ	(②B欄×7.8/100) ※第二表の⑯欄へ 850,902	※第二表の⑪欄へ 850,902
貸倒回収に係る消費税額	④			※第一表の③欄へ
売上対価の返還等に係る消費税額	⑤		17,727	※第二表の⑰、⑱欄へ 17,727
控除対象仕入税額の計算の基礎となる消費税額 (③＋④－⑤)	⑥		833,175	833,175

Ⅱ　控除対象仕入税額とみなされる特別控除税額

項目		税率 6.24 % 適用分 A	税率 7.8 % 適用分 B	合計 C (A+B)
特別控除税額 (⑥×80%)	⑦		666,540	※第一表の④欄へ 666,540

Ⅲ　貸倒れに係る税額

項目		税率 6.24 % 適用分 A	税率 7.8 % 適用分 B	合計 C (A+B)
貸倒れに係る税額	⑧			※第一表の⑥欄へ

注意　金額の計算においては、1円未満の端数を切り捨てる。

(R5.10.1以後終了課税期間用)

Ⅱ 簡易課税制度を適用した場合の納付税額の計算

簡易課税制度を適用して計算した場合の納付税額の計算について説明します。

すべて標準税率7.8%（地方消費税と合わせて10%）が適用されている取引を前提とし、課税標準額に対する消費税額の計算に当たっては、「割戻し計算」（43ページ参照）の方法を採用しています。

1 具体的な納付税額の計算例①

事例1　免税事業者であった個人事業者が令和5年10月1日からインボイス発行事業者の登録を受けた場合の令和5年分の納付税額の計算

1　課税売上高（**すべて第5種事業**）	8,900,000円
令和5年1月1日から9月30日までの分	6,600,000円
令和5年10月1日から12月31日までの分	2,300,000円（税込）
2　課税仕入れの金額	2,500,000円（税込）
令和5年1月1日から9月30日までの分	1,850,000円（税込）
令和5年10月1日から12月31日までの分	650,000円（税込）
3　売上対価の返還等の金額	205,000円
令和5年9月30日までの課税売上げに係るもの	150,000円
令和5年10月1日以降の課税売上げに係るもの	55,000円（税込）
4　基準期間の課税売上高	
令和5年分の基準期間である令和3年分の課税売上高	7,548,500円

1　課税標準額に対する消費税額

(1)　課税資産の譲渡等の対価の額（税抜）

2,300,000円×100／110＝2,090,909円

＊インボイス発行事業者となった日以降の課税売上高が対象となります。

＊売上対価の返還等の金額（税込）を課税資産の譲渡等の対価の額（税込）から直接減額している場合には、その減額後の金額を基に計算します（事例2においても同じです）。

⑵　課税標準額

2,090,909円　⇒　2,090,000円（千円未満切捨て）

⑶　課税標準額に対する消費税額

2,090,000円×7.8％＝163,020円

2　売上対価の返還等に係る消費税額

55,000円×7.8／110＝3,900円

＊インボイス発行事業者となった日以降の課税売上げに係る売上対価の返還等の金額が対象となります。

＊売上対価の返還等の金額（税込）を課税資産の譲渡等の対価の額（税込）から直接減額している場合には、この計算の必要はありません（以下、「3　控除税額」の計算においても、その計算に含める必要はありません。事例2においても同じです）。

3　控除税額

⑴　仕入控除税額

（163,020円－3,900円）×50％＝79,560円

＊課税標準額に対する消費税額から売上対価の返還等に係る消費税額を控除した後の金額に第5種事業のみなし仕入率50％を乗じて計算します。

⑵　売上対価の返還等に係る消費税額

3,900円

⑶　控除税額

79,560円＋3,900円＝83,460円

5　差引税額

課税標準額に対する消費税額　　　控除税額
163,020円　－　83,460円＝79,560円
⇒　79,500円（百円未満切捨て）

6　地方消費税額

79,500円×22／78＝22,423円
⇒　22,400円（百円未満切捨て）

7　消費税及び地方消費税の合計納付税額

79,500＋22,400円＝101,900円

2 申告書の作成例

事例1を基に消費税及び地方消費税の確定申告書第一表（簡易課税用）、申告書第二表、付表4－3及び付表5－3を作成すると次のとおりです。

付表4－3及び付表5－3、第2表、第一表の順で作成します。

ステップ1　付表4－3【税率別消費税額計算表　兼　地方消費税の課税標準となる消費税額の計算表】及び付表5－3【控除対象仕入税額等の計算表】の作成

①　付表4－3において、「①課税標準額」欄、「①－1課税資産の譲渡等の対価の額」欄、「②課税標準額に対する消費税額」欄及び「⑤返還等対価に係る消費税額」欄を記載します。

②　なお、事例1については、貸倒回収、貸倒れの事実がないことから、「③貸倒回収に係る消費税額」欄及び「⑥貸倒れに係る税額」欄の記載はありません。

③　付表5－3【控除対象仕入税額等の計算表】により控除対象仕

入税額を計算します（事例2についても同じです）。

④　事例の場合には第5種事業であるサービス業のみを行っていることから、Ⅱ「1種類の事業の専業者の場合の控除対象仕入税額」欄を使用して仕入控除税額を計算します。計算した控除対象仕入税額を付表4－3「④控除対象仕入税額」欄に転記します。

ステップ2　**申告書第二表の作成**

○　付表4－3で計算した金額を申告書第二表に転記します。

ステップ3　**申告書第一表の作成**

①　申告書第二表に記載した金額を申告書第一表に転記し、消費税の納付税額を基に地方消費税の納付税額を計算します。

②　なお、事例1の場合の「⑮この課税期間の課税売上高」欄については、免税事業者であった期間（令和5年1月1日から9月30日まで）の課税売上高6,600,000円から売上対価の返還等の金額150,000円を控除した金額6,450,000円と課税事業者となった期間（令和5年10月1日から12月31日まで）の課税売上高2,300,000円から売上対価の返還等の金額55,000円を控除した金額2,245,000年（税込）に100／110を乗じた金額2,040,909円（税抜）の合計額8,490,909円を記載します。

GK0407

第3－(3)号様式

令和　年　月　日　税務署長殿

納税地	○○○○ (電話番号　－　－　)
(フリガナ)	
屋号	○○○○
個人番号	XXXXXXXXXXXX
(フリガナ)	
氏名	○○○○

(個人の方) 振替継続希望

※税務署処理欄

自 令和 5年 1月 1日
至 令和 5年 12月 31日

課税期間分の消費税及び地方消費税の(　確定　)申告書

中間申告の場合の対象期間 自 令和　年　月　日 至 令和　年　月　日

この申告書による消費税の税額の計算			
課税標準額	①	2090000	03
消費税額	②	163020	06
貸倒回収に係る消費税額	③		07
控除税額 控除対象仕入税額	④	79560	08
控除税額 返還等対価に係る税額	⑤	3900	09
控除税額 貸倒れに係る税額	⑥		10
控除税額 控除税額小計 (④+⑤+⑥)	⑦	83460	
控除不足還付税額 (⑦－②－③)	⑧		13
差引税額 (②+③－⑦)	⑨	79500	15
中間納付税額	⑩	00	16
納付税額 (⑨－⑩)	⑪	79500	17
中間納付還付税額 (⑩－⑨)	⑫	00	18
この申告書が修正申告である場合 既確定税額	⑬		19
この申告書が修正申告である場合 差引納付税額	⑭	00	20
この課税期間の課税売上高	⑮	8490909	21
基準期間の課税売上高	⑯	7548500	

この申告書による地方消費税の税額の計算			
地方消費税の課税標準となる消費税額 控除不足還付税額	⑰		51
地方消費税の課税標準となる消費税額 差引税額	⑱	79500	52
譲渡割額 還付額	⑲		53
譲渡割額 納税額	⑳	22400	54
中間納付譲渡割額	㉑	00	55
納付譲渡割額 (⑳－㉑)	㉒	22400	56
中間納付還付譲渡割額 (㉑－⑳)	㉓	00	57
この申告書が修正申告である場合 既確定譲渡割額	㉔		58
この申告書が修正申告である場合 差引納付譲渡割額	㉕	00	59
消費税及び地方消費税の合計(納付又は還付)税額	㉖	101900	60

付記事項				
割賦基準の適用	有	○無	31
延払基準等の適用	有	○無	32
工事進行基準の適用	有	○無	33
現金主義会計の適用	有	○無	34
課税標準額に対する消費税額の計算の特例の適用	有	○無	35

参考事項 事業区分	課税売上高(免税売上高を除く) 千円	売上割合 %	
第1種		.	36
第2種		.	37
第3種		.	38
第4種		.	39
第5種	2,090	100.0	42
第6種		.	43
特例計算適用(令57③)	有	○無	40

税額控除に係る経過措置の適用(2割特例) 44

還付を受けようとする金融機関等：銀行・金庫・組合・農協・漁協　本店・支店　出張所　本所・支所　預金　口座番号　ゆうちょ銀行の貯金記号番号　－　郵便局名等

(個人の方) 公金受取口座の利用

※税務署整理欄

税理士署名 (電話番号　－　－　)

税理士法第30条の書面提出有

税理士法第33条の2の書面提出有

㉖＝(⑪＋㉒)－(⑧＋⑫＋⑲＋㉓)・修正申告の場合㉖＝⑭＋㉕
㉖が還付税額となる場合はマイナス「－」を付してください。

※　2割特例による申告の場合、㉒欄に⑪欄の数字を記載し、⑲欄×22/78から算出された金額を⑳欄に記載してください。

OCR入力用（この用紙は機械で読み取ります。折ったり汚したりしないでください。）

⑪・㉒又は⑫・㉓の記入をお忘れなく。

簡　個人事業者用　第一表　令和五年十月一日以後終了課税期間分（簡易課税用）

GK0602

第3－(2)号様式

課税標準額等の内訳書

納税地	○○○○ （電話番号　　－　　－　　）
（フリガナ）	
屋号	○○○○
（フリガナ）	
氏名	○○○○

整理番号	

改正法附則による税額の特例計算			
軽減売上割合（10営業日）	○	附則38①	51
小売等軽減仕入割合	○	附則38②	52

個人事業者用

第二表

令和四年四月一日以後終了課税期間分

OCR入力用（この用紙は機械で読み取ります。折ったり汚したりしないでください。）

自 令和 5年 1月 1日
至 令和 5年 12月 31日

課税期間分の消費税及び地方消費税の（　確定　）申告書

（中間申告の場合の対象期間　自 令和　年　月　日　至 令和　年　月　日）

項目		番号	金額（十兆千百十億千百十万千百十一円）	
課税標準額 ※申告書（第一表）の①欄へ		①	2090000	01
課税資産の譲渡等の対価の額の合計額	3 %適用分	②		02
	4 %適用分	③		03
	6.3 %適用分	④		04
	6.24%適用分	⑤		05
	7.8 %適用分	⑥	2090909	06
	（②～⑥の合計）	⑦	2090909	07
特定課税仕入れに係る支払対価の額の合計額（注1）	6.3 %適用分	⑧		11
	7.8 %適用分	⑨		12
	（⑧・⑨の合計）	⑩		13
消費税額 ※申告書（第一表）の②欄へ		⑪	163020	21
⑪の内訳	3 %適用分	⑫		22
	4 %適用分	⑬		23
	6.3 %適用分	⑭		24
	6.24%適用分	⑮		25
	7.8 %適用分	⑯	163020	26
返還等対価に係る税額 ※申告書（第一表）の⑤欄へ		⑰	3900	31
⑰の内訳	売上げの返還等対価に係る税額	⑱	3900	32
	特定課税仕入れの返還等対価に係る税額（注1）	⑲		33
地方消費税の課税標準となる消費税額（注2）	（㉑～㉓の合計）	⑳	79500	41
	4 %適用分	㉑		42
	6.3 %適用分	㉒		43
	6.24%及び7.8% 適用分	㉓	79500	44

（注1）⑧～⑩及び⑲欄は、一般課税により申告する場合で、課税売上割合が95%未満、かつ、特定課税仕入れがある事業者のみ記載します。
（注2）⑳～㉓欄が還付税額となる場合はマイナス「－」を付してください。

第4-(11)号様式

付表4－3　税率別消費税額計算表 兼 地方消費税の課税標準となる消費税額計算表

簡 易

課税期間	令和 5．1．1 ～ 令和 5．12．31	氏名又は名称	○○○○

区分			税率 6.24 % 適用分 A	税率 7.8 % 適用分 B	合計 C (A+B)
課税標準額		①	円 000	円 2,090 000	※第二表の①欄へ 円 2,090 000
課税資産の譲渡等の対価の額		①-1	※第二表の⑤欄へ	※第二表の⑥欄へ 2,090,909	※第二表の⑦欄へ 2,090,909
消費税額		②	※付表5-3の①A欄へ ※第二表の⑮欄へ	※付表5-3の①B欄へ ※第二表の⑯欄へ 163,020	※付表5-3の①C欄へ ※第二表の⑪欄へ 163,020
貸倒回収に係る消費税額		③	※付表5-3の②A欄へ	※付表5-3の②B欄へ	※付表5-3の②C欄へ ※第一表の③欄へ
控除税額	控除対象仕入税額	④	(付表5-3の⑤A欄又は㊲A欄の金額)	(付表5-3の⑤B欄又は㊲B欄の金額) 79,560	(付表5-3の⑤C欄又は㊲C欄の金額) ※第一表の④欄へ 79,560
	返還等対価に係る税額	⑤	※付表5-3の③A欄へ	※付表5-3の③B欄へ 3,900	※付表5-3の③C欄へ ※第二表の⑰欄へ 3,900
	貸倒れに係る税額	⑥			※第一表の⑥欄へ
	控除税額小計 (④+⑤+⑥)	⑦		83,460	※第一表の⑦欄へ 83,460
控除不足還付税額 (⑦－②－③)		⑧			※第一表の⑧欄へ
差引税額 (②+③－⑦)		⑨			※第一表の⑨欄へ 795 00
地方消費税の課税標準となる消費税額	控除不足還付税額 (⑧)	⑩			※第一表の⑰欄へ ※マイナス「－」を付して第二表の⑳及び㉓欄へ
	差引税額 (⑨)	⑪			※第一表の⑱欄へ ※第二表の⑳及び㉓欄へ 795 00
譲渡割額	還付額	⑫			(⑩C欄×22/78) ※第一表の⑲欄へ
	納税額	⑬			(⑪C欄×22/78) ※第一表の⑳欄へ 224 00

注意　金額の計算においては、1円未満の端数を切り捨てる。

(R1.10.1以後終了課税期間用)

第4-(12)号様式

付表5－3　控除対象仕入税額等の計算表　　簡易

課税期間	令和5・1・1～令和5・12・31	氏名又は名称	○○○○

Ⅰ　控除対象仕入税額の計算の基礎となる消費税額

項目		税率6.24％適用分 A	税率7.8％適用分 B	合計C (A＋B)
課税標準額に対する消費税額	①	(付表4-3の②A欄の金額) 円	(付表4-3の②B欄の金額) 円 163,020	(付表4-3の②C欄の金額) 円 163,020
貸倒回収に係る消費税額	②	(付表4-3の③A欄の金額)	(付表4-3の③B欄の金額)	(付表4-3の③C欄の金額)
売上対価の返還等に係る消費税額	③	(付表4-3の⑤A欄の金額)	(付表4-3の⑤B欄の金額) 3,900	(付表4-3の⑤C欄の金額) 3,900
控除対象仕入税額の計算の基礎となる消費税額 (①＋②－③)	④		159,120	159,120

Ⅱ　1種類の事業の専業者の場合の控除対象仕入税額

項目		税率6.24％適用分 A	税率7.8％適用分 B	合計C (A＋B)
④ × みなし仕入率 (90%・80%・70%・60%・(50%)・40%)	⑤	※付表4-3の④A欄へ 円	※付表4-3の④B欄へ 円 79,560	※付表4-3の④C欄へ 円 79,560

Ⅲ　2種類以上の事業を営む事業者の場合の控除対象仕入税額

(1)　事業区分別の課税売上高(税抜き)の明細

項目		税率6.24％適用分 A	税率7.8％適用分 B	合計C (A＋B)	売上割合
事業区分別の合計額	⑥	円	円	円	
第一種事業 (卸売業)	⑦			※第一表「事業区分」欄へ	%
第二種事業 (小売業等)	⑧			※　〃	
第三種事業 (製造業等)	⑨			※　〃	
第四種事業 (その他)	⑩			※　〃	
第五種事業 (サービス業等)	⑪			※　〃	
第六種事業 (不動産業)	⑫			※　〃	

(2)　(1)の事業区分別の課税売上高に係る消費税額の明細

項目		税率6.24％適用分 A	税率7.8％適用分 B	合計C (A＋B)
事業区分別の合計額	⑬	円	円	円
第一種事業 (卸売業)	⑭			
第二種事業 (小売業等)	⑮			
第三種事業 (製造業等)	⑯			
第四種事業 (その他)	⑰			
第五種事業 (サービス業等)	⑱			
第六種事業 (不動産業)	⑲			

注意　1　金額の計算においては、1円未満の端数を切り捨てる。
　　　2　課税売上げにつき返品を受け又は値引き・割戻しをした金額(売上対価の返還等の金額)があり、売上(収入)金額から減算しない方法で経理して経費に含めている場合には、⑥から⑫欄には売上対価の返還等の金額(税抜き)を控除した後の金額を記載する。

(1／2)

(R1.10.1以後終了課税期間用)

(3) 控除対象仕入税額の計算式区分の明細

イ 原則計算を適用する場合

控除対象仕入税額の計算式区分		税率6.24%適用分 A	税率7.8%適用分 B	合計 C (A+B)
④ × みなし仕入率 (⑭×90%+⑮×80%+⑯×70%+⑰×60%+⑱×50%+⑲×40% / ⑬)	⑳	円	円	円

ロ 特例計算を適用する場合

(イ) 1種類の事業で75%以上

控除対象仕入税額の計算式区分		税率6.24%適用分 A	税率7.8%適用分 B	合計 C (A+B)
(⑦C／⑥C・⑧C／⑥C・⑨C／⑥C・⑩C／⑥C・⑪C／⑥C・⑫C／⑥C) ≧ 75% ④×みなし仕入率(90%・80%・70%・60%・50%・40%)	㉑	円	円	円

(ロ) 2種類の事業で75%以上

控除対象仕入税額の計算式区分			税率6.24%適用分 A	税率7.8%適用分 B	合計 C (A+B)
第一種事業及び第二種事業 (⑦C+⑧C)／⑥C ≧ 75%	④× (⑭×90%+(⑬−⑭)×80%) / ⑬	㉒	円	円	円
第一種事業及び第三種事業 (⑦C+⑨C)／⑥C ≧ 75%	④× (⑭×90%+(⑬−⑭)×70%) / ⑬	㉓			
第一種事業及び第四種事業 (⑦C+⑩C)／⑥C ≧ 75%	④× (⑭×90%+(⑬−⑭)×60%) / ⑬	㉔			
第一種事業及び第五種事業 (⑦C+⑪C)／⑥C ≧ 75%	④× (⑭×90%+(⑬−⑭)×50%) / ⑬	㉕			
第一種事業及び第六種事業 (⑦C+⑫C)／⑥C ≧ 75%	④× (⑭×90%+(⑬−⑭)×40%) / ⑬	㉖			
第二種事業及び第三種事業 (⑧C+⑨C)／⑥C ≧ 75%	④× (⑮×80%+(⑬−⑮)×70%) / ⑬	㉗			
第二種事業及び第四種事業 (⑧C+⑩C)／⑥C ≧ 75%	④× (⑮×80%+(⑬−⑮)×60%) / ⑬	㉘			
第二種事業及び第五種事業 (⑧C+⑪C)／⑥C ≧ 75%	④× (⑮×80%+(⑬−⑮)×50%) / ⑬	㉙			
第二種事業及び第六種事業 (⑧C+⑫C)／⑥C ≧ 75%	④× (⑮×80%+(⑬−⑮)×40%) / ⑬	㉚			
第三種事業及び第四種事業 (⑨C+⑩C)／⑥C ≧ 75%	④× (⑯×70%+(⑬−⑯)×60%) / ⑬	㉛			
第三種事業及び第五種事業 (⑨C+⑪C)／⑥C ≧ 75%	④× (⑯×70%+(⑬−⑯)×50%) / ⑬	㉜			
第三種事業及び第六種事業 (⑨C+⑫C)／⑥C ≧ 75%	④× (⑯×70%+(⑬−⑯)×40%) / ⑬	㉝			
第四種事業及び第五種事業 (⑩C+⑪C)／⑥C ≧ 75%	④× (⑰×60%+(⑬−⑰)×50%) / ⑬	㉞			
第四種事業及び第六種事業 (⑩C+⑫C)／⑥C ≧ 75%	④× (⑰×60%+(⑬−⑰)×40%) / ⑬	㉟			
第五種事業及び第六種事業 (⑪C+⑫C)／⑥C ≧ 75%	④× (⑱×50%+(⑬−⑱)×40%) / ⑬	㊱			

ハ 上記の計算式区分から選択した控除対象仕入税額

項目		税率6.24%適用分 A	税率7.8%適用分 B	合計 C (A+B)
選択可能な計算式区分(⑳～㊱)の内から選択した金額	㊲	※付表4-3の④A欄へ 円	※付表4-3の④B欄へ 円	※付表4-3の④C欄へ 円

注意　金額の計算においては、1円未満の端数を切り捨てる。

(2／2)

(R1.10.1以後終了課税期間用)

3 具体的な納付税額の計算例②

事例2　事例1の事業者の令和6年分の納付税額の計算

1　課税売上高（**すべて第5種事業**）　12,000,000円（税込）
2　課税仕入れの金額　4,000,000円（税込）
3　売上対価の返還等の金額　250,000円（税込）
※「売上対価の返還等の金額」及び「貸倒金額」は、いずれもインボイス発行事業者となった後に行った課税売上げに係るものです。
4　基準期間の課税売上高
令和6年分の基準期間である令和4年分の課税売上高8,765,421円

1　課税標準額に対する消費税額

(1)　課税資産の譲渡等の対価の額（税抜）

12,000,000円×100／110＝10,909,090円

(2)　課税標準額

10,909,090円　⇒　10,909,000円（千円未満切捨て）

(3)　課税標準額に対する消費税額

10,909,000円×7.8%＝850,902円

2　売上対価の返還等に係る消費税額

250,000円×7.8／110＝17,727円

3　控除税額

(1)　仕入控除税額

（850,902円－17,727円円）×50%＝416,587円

＊課税標準額に対する消費税額から売上対価の返還等に係る消費税額を控除した後の金額に第5種事業のみなし仕入率50%を乗じて計算します。

(2)　売上対価の返還等に係る消費税額

17,727円

(3)　控除税額

416,587円＋17,727円＝434,314円

5　差引税額

課税標準額に対する消費税額　　控除税額

850,902円　－　434,314円＝416,588円

⇒　416,500円（百円未満切捨て）

6　地方消費税額

416,500円×22／78＝117,474円

⇒　117,400円（百円未満切捨て）

7　消費税及び地方消費税の合計納付税額

416,500円＋117,400円＝533,900円

4 申告書の作成例

事例1と同様の流れで申告書を作成します。

なお、事例2では、第一表「⑮この課税期間の課税売上高」欄については、課税売上高12,000,000円から売上対価の返還等の金額250,000円を控除した金額11,750,000円（税込）に100／110を乗じた金額10,681,818円を記載します。

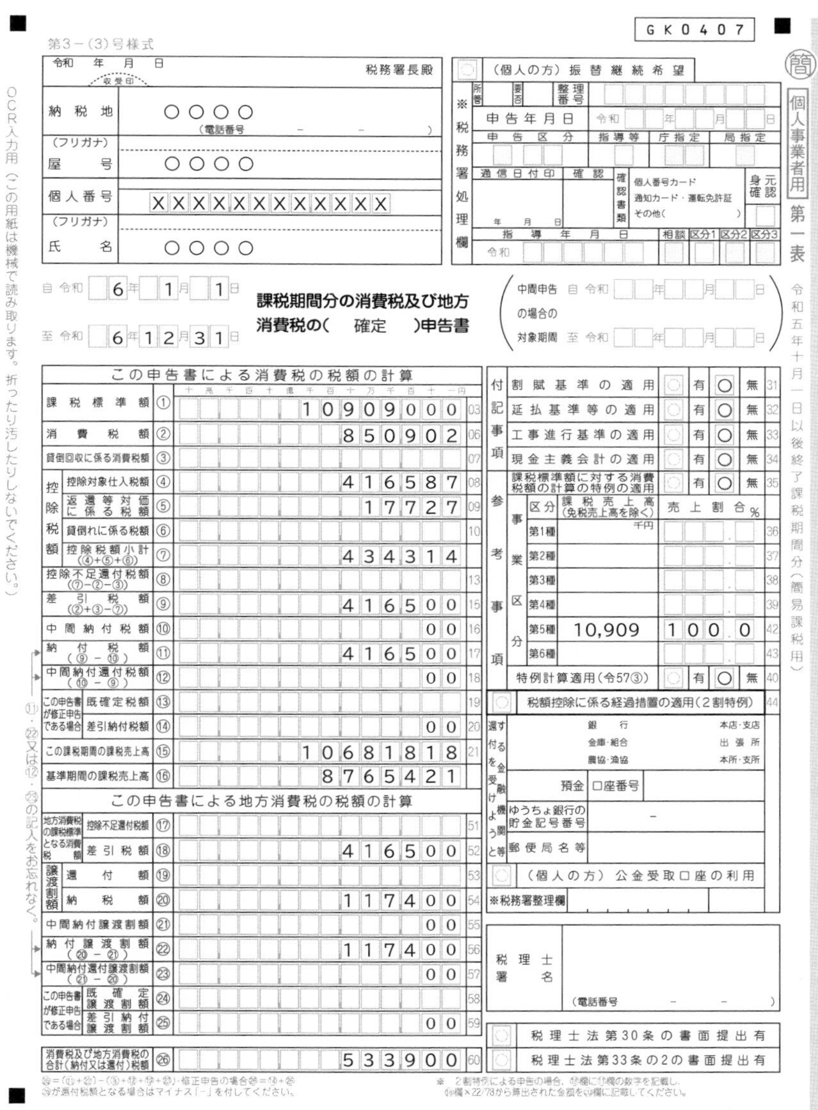

GK0407

第3－(3)号様式

第一表　個人事業者用　令和五年十月一日以後終了課税期間分（簡易課税用）

令和　年　月　日　税務署長殿

納税地	○○○○（電話番号　－　－　）
屋号	○○○○
個人番号	XXXXXXXXXXXX
氏名	○○○○

自 令和 6年1月1日　至 令和 6年12月31日　課税期間分の消費税及び地方消費税の（確定）申告書

この申告書による消費税の税額の計算

課税標準額	①	10909000
消費税額	②	850902
貸倒回収に係る消費税額	③	
控除対象仕入税額	④	416587
返還等対価に係る税額	⑤	17727
貸倒れに係る税額	⑥	
控除税額小計（④+⑤+⑥）	⑦	434314
控除不足還付税額（⑦－②－③）	⑧	
差引税額（②+③－⑦）	⑨	416500
中間納付税額	⑩	00
納付税額（⑨－⑩）	⑪	416500
中間納付還付税額（⑩－⑨）	⑫	00
既確定税額	⑬	
差引納付税額	⑭	00
この課税期間の課税売上高	⑮	10681818
基準期間の課税売上高	⑯	8765421

この申告書による地方消費税の税額の計算

控除不足還付税額	⑰	
差引税額	⑱	416500
還付額	⑲	
納税額	⑳	117400
中間納付譲渡割額	㉑	00
納付譲渡割額（⑳－㉑）	㉒	117400
中間納付還付譲渡割額（㉑－⑳）	㉓	00
既確定譲渡割額	㉔	
差引納付譲渡割額	㉕	00
消費税及び地方消費税の合計（納付又は還付）税額	㉖	533900

付記事項

項目	有	無
割賦基準の適用		○
延払基準等の適用		○
工事進行基準の適用		○
現金主義会計の適用		○
課税標準額に対する消費税額の計算の特例の適用		○

参考事項

事業区分	課税売上高（免税売上高を除く）千円	売上割合%
第1種		
第2種		
第3種		
第4種		
第5種	10,909	100.0
第6種		

特例計算適用（令57③）　有　○無

税額控除に係る経過措置の適用（2割特例）

㉖＝（⑪+㉒）－（⑧+⑫+⑲+㉓）・修正申告の場合㉖＝⑭+㉕
㉖が還付税額となる場合はマイナス「－」を付してください。

※　2割特例による申告の場合、⑱欄に⑪欄の数字を記載し、⑱欄×22/78から算出された金額を⑳欄に記載してください。

GK0602

第3－(2)号様式

課税標準額等の内訳書

納税地	○○○○ (電話番号　－　－　)
(フリガナ)	
屋号	○○○○
(フリガナ)	
氏名	○○○○

整理番号

改正法附則による税額の特例計算		
軽減売上割合(10営業日)		附則38① 51
小売等軽減仕入割合		附則38② 52

個人事業者用

第二表

令和四年四月一日以後終了課税期間分

OCR入力用（この用紙は機械で読み取ります。折ったり汚したりしないでください。）

自 令和 6年 1月 1日
至 令和 6年 12月 31日

課税期間分の消費税及び地方消費税の(　確定　)申告書

中間申告の場合の対象期間 自 令和　年　月　日 至 令和　年　月　日

課税標準額 ※申告書(第一表)の①欄へ		①	10909000	01
課税資産の譲渡等の対価の額の合計額	3 %適用分	②		02
	4 %適用分	③		03
	6.3 %適用分	④		04
	6.24%適用分	⑤		05
	7.8 %適用分	⑥	10909090	06
	(②～⑥の合計)	⑦	10909090	07
特定課税仕入れに係る支払対価の額の合計額 (注1)	6.3 %適用分	⑧		11
	7.8 %適用分	⑨		12
	(⑧・⑨の合計)	⑩		13
消費税額 ※申告書(第一表)の②欄へ		⑪	850902	21
⑪の内訳	3 %適用分	⑫		22
	4 %適用分	⑬		23
	6.3 %適用分	⑭		24
	6.24%適用分	⑮		25
	7.8 %適用分	⑯	850902	26
返還等対価に係る税額 ※申告書(第一表)の⑤欄へ		⑰	17727	31
⑰の内訳	売上げの返還等対価に係る税額	⑱	17727	32
	特定課税仕入れの返還等対価に係る税額 (注1)	⑲		33
地方消費税の課税標準となる消費税額 (注2)	(㉑～㉓の合計)	⑳	416500	41
	4 %適用分	㉑		42
	6.3 %適用分	㉒		43
	6.24%及び7.8% 適用分	㉓	416500	44

(注1) ⑧～⑩及び⑲欄は、一般課税により申告する場合で、課税売上割合が95%未満、かつ、特定課税仕入れがある事業者のみ記載します。
(注2) ⑳～㉓欄が還付税額となる場合はマイナス「－」を付してください。

第4-(11)号様式

付表4－3　税率別消費税額計算表 兼 地方消費税の課税標準となる消費税額計算表　　簡易

課税期間	令和6・1・1～令和6・12・31	氏名又は名称	○○○○

区分		税率6.24％適用分 A	税率7.8％適用分 B	合計 C (A+B)
課税標準額	①	円 000	円 10,909 000	※第二表の①欄へ 円 10,909 000
課税資産の譲渡等の対価の額	①-1	※第二表の⑤欄へ	※第二表の⑥欄へ 10,909,090	※第二表の⑦欄へ 10,909,090
消費税額	②	※付表5-3の①A欄へ ※第二表の⑮欄へ	※付表5-3の①B欄へ ※第二表の⑯欄へ 850,902	※付表5-3の①C欄へ ※第二表の⑪欄へ 850,902
貸倒回収に係る消費税額	③	※付表5-3の②A欄へ	※付表5-3の②B欄へ	※付表5-3の②C欄へ ※第一表の③欄へ
控除税額 控除対象仕入税額	④	(付表5-3の⑤A欄又は㉗A欄の金額)	(付表5-3の⑤B欄又は㉗B欄の金額) 416,587	(付表5-3の⑤C欄又は㉗C欄の金額) ※第一表の④欄へ 416,587
控除税額 返還等対価に係る税額	⑤	※付表5-3の③A欄へ	※付表5-3の③B欄へ 17,727	※付表5-3の③C欄へ ※第二表の⑰欄へ 17,727
控除税額 貸倒れに係る税額	⑥			※第一表の⑥欄へ
控除税額 控除税額小計 (④+⑤+⑥)	⑦		434,314	※第一表の⑦欄へ 434,314
控除不足還付税額 (⑦－②－③)	⑧			※第一表の⑧欄へ
差引税額 (②+③－⑦)	⑨			※第一表の⑨欄へ 4,165 00
地方消費税の課税標準となる消費税額 控除不足還付税額 (⑧)	⑩			※第一表の⑰欄へ ※マイナス「－」を付して第二表の⑳及び㉓欄へ
地方消費税の課税標準となる消費税額 差引税額 (⑨)	⑪			※第一表の⑱欄へ ※第二表の⑳及び㉓欄へ 4,165 00
譲渡割額 還付額	⑫			(⑩C欄×22/78) ※第一表の⑲欄へ
譲渡割額 納税額	⑬			(⑪C欄×22/78) ※第一表の⑳欄へ 1,174 00

注意　金額の計算においては、1円未満の端数を切り捨てる。

(R1.10.1以後終了課税期間用)

第4-(12)号様式

付表5－3　控除対象仕入税額等の計算表

簡易

課税期間	令和 6・1・1～令和 6・12・31	氏名又は名称	○○○○

Ⅰ 控除対象仕入税額の計算の基礎となる消費税額

項目		税率6.24%適用分 A	税率7.8%適用分 B	合計C (A+B)
課税標準額に対する消費税額	①	(付表4-3の②A欄の金額) 円	(付表4-3の②B欄の金額) 円 850,902	(付表4-3の②C欄の金額) 円 850,902
貸倒回収に係る消費税額	②	(付表4-3の③A欄の金額)	(付表4-3の③B欄の金額)	(付表4-3の③C欄の金額)
売上対価の返還等に係る消費税額	③	(付表4-3の⑤A欄の金額)	(付表4-3の⑤B欄の金額) 17,727	(付表4-3の⑤C欄の金額) 17,727
控除対象仕入税額の計算の基礎となる消費税額 (①＋②－③)	④		833,175	833,175

Ⅱ 1種類の事業の専業者の場合の控除対象仕入税額

項目		税率6.24%適用分 A	税率7.8%適用分 B	合計C (A+B)
④ × みなし仕入率 (90%・80%・70%・60%・(50%)・40%)	⑤	※付表4-3の④A欄へ 円	※付表4-3の④B欄へ 円 416,587	※付表4-3の④C欄へ 円 416,587

Ⅲ 2種類以上の事業を営む事業者の場合の控除対象仕入税額

(1) 事業区分別の課税売上高(税抜き)の明細

項目		税率6.24%適用分 A	税率7.8%適用分 B	合計C (A+B)	売上割合
事業区分別の合計額	⑥	円	円	円	
第一種事業 (卸売業)	⑦			※第一表「事業区分」欄へ	%
第二種事業 (小売業等)	⑧			※ 〃	
第三種事業 (製造業等)	⑨			※ 〃	
第四種事業 (その他)	⑩			※ 〃	
第五種事業 (サービス業等)	⑪			※ 〃	
第六種事業 (不動産業)	⑫			※ 〃	

(2) (1)の事業区分別の課税売上高に係る消費税額の明細

項目		税率6.24%適用分 A	税率7.8%適用分 B	合計C (A+B)
事業区分別の合計額	⑬	円	円	円
第一種事業 (卸売業)	⑭			
第二種事業 (小売業等)	⑮			
第三種事業 (製造業等)	⑯			
第四種事業 (その他)	⑰			
第五種事業 (サービス業等)	⑱			
第六種事業 (不動産業)	⑲			

注意 1　金額の計算においては、1円未満の端数を切り捨てる。
2　課税売上げにつき返品を受け又は値引き・割戻しをした金額(売上対価の返還等の金額)があり、売上(収入)金額から減算しない方法で経理して経費に含めている場合には、⑥から⑫欄には売上対価の返還等の金額(税抜き)を控除した後の金額を記載する。

(1／2)

(R1.10.1以後終了課税期間用)

(3) 控除対象仕入税額の計算式区分の明細

イ 原則計算を適用する場合

控除対象仕入税額の計算式区分		税率6.24%適用分 A	税率7.8%適用分 B	合計 C (A+B)
④ × みなし仕入率 (⑭×90%+⑮×80%+⑯×70%+⑰×60%+⑱×50%+⑲×40% / ⑬)	⑳	円	円	円

ロ 特例計算を適用する場合

(イ) 1種類の事業で75%以上

控除対象仕入税額の計算式区分		税率6.24%適用分 A	税率7.8%適用分 B	合計 C (A+B)
(⑦C／⑥C・⑧C／⑥C・⑨C／⑥C・⑩C／⑥C・⑪C／⑥C・⑫C／⑥C) ≧ 75% ④×みなし仕入率(90%・80%・70%・60%・50%・40%)	㉑	円	円	円

(ロ) 2種類の事業で75%以上

控除対象仕入税額の計算式区分			税率6.24%適用分 A	税率7.8%適用分 B	合計 C (A+B)
第一種事業及び第二種事業 (⑦C+⑧C)/⑥C ≧ 75%	④× ⑭×90%+(⑬−⑭)×80% / ⑬	㉒	円	円	円
第一種事業及び第三種事業 (⑦C+⑨C)/⑥C ≧ 75%	④× ⑭×90%+(⑬−⑭)×70% / ⑬	㉓			
第一種事業及び第四種事業 (⑦C+⑩C)/⑥C ≧ 75%	④× ⑭×90%+(⑬−⑭)×60% / ⑬	㉔			
第一種事業及び第五種事業 (⑦C+⑪C)/⑥C ≧ 75%	④× ⑭×90%+(⑬−⑭)×50% / ⑬	㉕			
第一種事業及び第六種事業 (⑦C+⑫C)/⑥C ≧ 75%	④× ⑭×90%+(⑬−⑭)×40% / ⑬	㉖			
第二種事業及び第三種事業 (⑧C+⑨C)/⑥C ≧ 75%	④× ⑮×80%+(⑬−⑮)×70% / ⑬	㉗			
第二種事業及び第四種事業 (⑧C+⑩C)/⑥C ≧ 75%	④× ⑮×80%+(⑬−⑮)×60% / ⑬	㉘			
第二種事業及び第五種事業 (⑧C+⑪C)/⑥C ≧ 75%	④× ⑮×80%+(⑬−⑮)×50% / ⑬	㉙			
第二種事業及び第六種事業 (⑧C+⑫C)/⑥C ≧ 75%	④× ⑮×80%+(⑬−⑮)×40% / ⑬	㉚			
第三種事業及び第四種事業 (⑨C+⑩C)/⑥C ≧ 75%	④× ⑯×70%+(⑬−⑯)×60% / ⑬	㉛			
第三種事業及び第五種事業 (⑨C+⑪C)/⑥C ≧ 75%	④× ⑯×70%+(⑬−⑯)×50% / ⑬	㉜			
第三種事業及び第六種事業 (⑨C+⑫C)/⑥C ≧ 75%	④× ⑯×70%+(⑬−⑯)×40% / ⑬	㉝			
第四種事業及び第五種事業 (⑩C+⑪C)/⑥C ≧ 75%	④× ⑰×60%+(⑬−⑰)×50% / ⑬	㉞			
第四種事業及び第六種事業 (⑩C+⑫C)/⑥C ≧ 75%	④× ⑰×60%+(⑬−⑰)×40% / ⑬	㉟			
第五種事業及び第六種事業 (⑪C+⑫C)/⑥C ≧ 75%	④× ⑱×50%+(⑬−⑱)×40% / ⑬	㊱			

ハ 上記の計算式区分から選択した控除対象仕入税額

項目		税率6.24%適用分 A	税率7.8%適用分 B	合計 C (A+B)
選択可能な計算式区分(⑳～㊱)の内から選択した金額	㊲	※付表4-3の④A欄へ 円	※付表4-3の④B欄へ 円	※付表4-3の④C欄へ 円

注意　金額の計算においては、1円未満の端数を切り捨てる。

(2／2)

(R1.10.1以後終了課税期間用)

Ⅲ 本則課税を適用した場合の納付税額の計算

本則課税を適用する場合の納付税額の計算は、全額控除、個別対応方式、又は一括比例配分方式のいずれかを適用して行うことになります。

1 全額控除

1 具体的な納付税額の計算例

事例の課税売上げ及び課税仕入れは、すべて標準税率7.8%（地方消費税と合わせて10%）が適用されている取引を前提とし、課税標準額に対する消費税額及び課税仕入れに係る消費税額の計算に当たっては、「割戻し計算」（43ページ参照）の方法を採用しています。

事例　免税事業者であった個人事業者が令和5年10月1日からインボイス発行事業者の登録を受けた場合の令和5年分の納付税額の計算

1　課税売上高	8,900,000円
令和5年1月1日から9月30日までの分	6,600,000円
令和5年10月1日から12月31日までの分	2,300,000円（税込）
2　課税仕入れの金額	2,500,000円（税込）
令和5年1月1日から9月30日までの分	1,850,000円（税込）
令和5年10月1日から12月31日までの分	650,000円(税込)
3　売上対価の返還等の金額	205,000円
令和5年9月30日までの課税売上げに係るもの	150,000円
令和5年10月1日以降の課税売上げに係るもの	55,000円（税込）
4　基準期間の課税売上高	
令和5年分の基準期間である令和3年分の課税売上高	7,548,500円

1　課税標準額に対する消費税額

⑴　課税資産の譲渡等の対価の額（税抜）

2,300,000円×100／110＝2,090,909円

＊インボイス発行事業者となった日以降の課税売上高が対象となります。

＊売上対価の返還等の金額（税込）を課税資産の譲渡等の対価の額（税込）から直接減額している場合には、その減額後の金額を基に計算します。

⑵　課税標準額

2,090,909円　⇒　2,090,000円（千円未満切捨て）

⑶　課税標準額に対する消費税額

2,090,000円×7.8％＝163,020円

2　売上対価の返還等に係る消費税額

55,000円×7.8／110＝3,900円

＊インボイス発行事業者となった日以後の課税売上げに係る売上対価の返還等の金額が対象となります。

＊売上対価の返還等の金額（税込）を課税資産の譲渡等の対価の額（税込）から直接減額している場合には、この計算の必要はありません（以下、「3　税額控除」の計算においても、その計算に含める必要はありません）。

3　控除税額

⑴　仕入控除税額

650,000円×7.8／110＝46,090円

＊インボイス発行事業者となった日以降の課税仕入れの金額が対象となります。

⑵　売上対価の返還等に係る消費税額

3,900円

(3)　控除税額

46,090円＋3,900円＝49,990円

5　差引税額

課税標準額に対する消費税額　　控除税額
163,020円　－　49,990円＝113,030円
⇒　113,000円（百円未満切捨て）

6　地方消費税額

113,000円×22／78＝31,871円
⇒　31,800円（百円未満切捨て）

7　消費税及び地方消費税の合計納付税額

113,000円＋31,800円＝144,800円

2　申告書の作成例

事例を基に消費税及び地方消費税の確定申告書第一表（一般用）、申告書第二表、付表1－3及び付表2－3を作成すると次のとおりです。

付表1－3及び付表2－3、第2表、第一表の順で作成します。

ステップ1　付表1－3【税率別消費税額計算表 兼 地方消費税の課税標準となる消費税額の計算表】及び付表2－3【課税売上割合・控除対象仕入税額等の計算表】の作成

①　課税事業者となった日以降の課税売上高を基に付表2－3の「①課税売上額（税抜き）」欄、及び「④課税資産の譲渡等の対価の額」欄を記載します。

②　なお、「①課税売上額（税抜き）」欄については、令和5年10月1日以降の課税売上高2,300,000円（税込）から売上対価の返還等の金額55,000円（税込）を控除した金額2,245,000円に100／110を乗じた金額2,040,909円を記載します。

事例には、免税売上額及び非課税資産の輸出等の金額等はないことから、「②免税売上額」欄及び「③非課税資産の輸出等の金額、海外支店等へ移送した資産の価額」欄の記載はありません。

③　また、非課税売上げがないことから、「⑥非課税売上額」欄の記載はありませんから、「⑦資産の譲渡等の対価の額」欄には「④課税資産の譲渡等の対価の額」欄と同額の金額を記載します。

④　「⑧課税売上割合」欄には100％と記載します。

⑤　次に、課税事業者となった日以降に行った課税仕入れを基に「⑨課税仕入れに係る支払対価の額（税込み）」欄、「⑩課税仕入れに係る消費税額」欄及び「⑰課税仕入れに係る税額の合計額」を記載します。

事例では、課税売上割合が100％ですから、「⑱課税売上高が5億円以下、かつ、課税売上割合が95％以上の場合」欄及び「㉖控除対象仕入税額」欄に⑰欄の金額を記載します。

⑥　付表1－3の「①課税標準額」欄、「①－1課税資産の譲渡等の対価の額」欄及び「②消費税額」欄を記載します。また、「④控除対象仕入税額」欄に付表2－3㉖欄に記載した金額を転記します。

⑦　「⑨差引税額」欄に記載した金額＝「⑪差引税額」を基に地方消費税の納付税額を計算し、「⑬納税額」欄に地方消費税額を記載します。

ステップ2　申告書第二表の作成

○　付表1－3で計算した金額を申告書第二表に転記します。

ステップ3　申告書第一表の作成

○　申告書第二表及び付表1－3に記載した金額を申告書第一表に転記します。

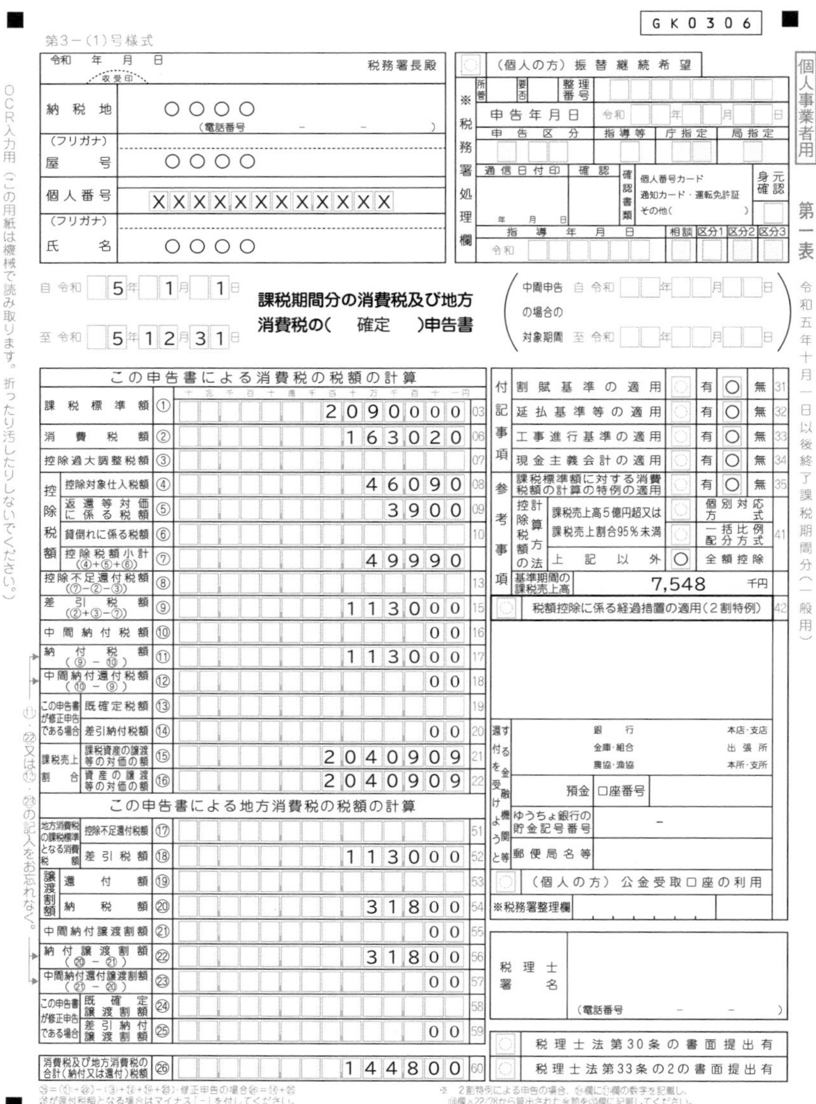

GK0306

第3－(1)号様式

令和　年　月　日　　税務署長殿

収受印

納税地　〇〇〇〇　（電話番号　－　－　）

（フリガナ）

屋号　〇〇〇〇

個人番号　XXXXXXXXXXXX

（フリガナ）

氏名　〇〇〇〇

（個人の方）振替継続希望

※税務署処理欄　所管　要否　整理番号　申告年月日 令和　年　月　日　申告区分　指導等　庁指定　局指定　通信日付印　確認　確認書類 個人番号カード 通知カード・運転免許証 その他（　）　身元確認　年　月　日　指導年月日 令和　相談　区分1　区分2　区分3

個人事業者用

第一表

令和五年十月一日以後終了課税期間分（一般用）

自 令和 5年 1月 1日
至 令和 5年 12月 31日

課税期間分の消費税及び地方消費税の（　確定　）申告書

中間申告の場合の対象期間　自 令和　年　月　日　至 令和　年　月　日

この申告書による消費税の税額の計算

項目		番号	金額（十兆 千 百 十 億 千 百 十 万 千 百 十 一円）	
課税標準額		①	2090000	03
消費税額		②	163020	06
控除過大調整税額		③		07
控除税額	控除対象仕入税額	④	46090	08
	返還等対価に係る税額	⑤	3900	09
	貸倒れに係る税額	⑥		10
	控除税額小計（④+⑤+⑥）	⑦	49990	
控除不足還付税額（⑦－②－③）		⑧		13
差引税額（②+③－⑦）		⑨	113000	15
中間納付税額		⑩	00	16
納付税額（⑨－⑩）		⑪	113000	17
中間納付還付税額（⑩－⑨）		⑫	00	18
この申告書が修正申告である場合	既確定税額	⑬		19
	差引納付税額	⑭	00	20
課税売上割合	課税資産の譲渡等の対価の額	⑮	2040909	21
	資産の譲渡等の対価の額	⑯	2040909	22

この申告書による地方消費税の税額の計算

地方消費税の課税標準となる消費税額	控除不足還付税額	⑰		51
	差引税額	⑱	113000	52
譲渡割額	還付額	⑲		53
	納税額	⑳	31800	54
中間納付譲渡割額		㉑	00	55
納付譲渡割額（⑳－㉑）		㉒	31800	56
中間納付還付譲渡割額（㉑－⑳）		㉓	00	57
この申告書が修正申告である場合	既確定譲渡割額	㉔		58
	差引納付譲渡割額	㉕	00	59
消費税及び地方消費税の合計（納付又は還付）税額		㉖	144800	60

㉖＝（⑪＋㉒）－（⑧＋⑫＋⑲＋㉓）・修正申告の場合㉖＝⑭＋㉕
㉖が還付税額となる場合はマイナス「－」を付してください。

⑪・㉒又は⑫・㉓の記入をお忘れなく。

付記事項			
割賦基準の適用	有	〇無	31
延払基準等の適用	有	〇無	32
工事進行基準の適用	有	〇無	33
現金主義会計の適用	有	〇無	34

参考事項			
課税標準額に対する消費税額の計算の特例の適用	有	〇無	35
控除税額の計算方法	課税売上高5億円超又は課税売上割合95％未満	個別対応方式／一括比例配分方式	41
	上記以外	〇 全額控除	
基準期間の課税売上高	7,548 千円		

税額控除に係る経過措置の適用（2割特例）　42

還付を受けようとする金融機関等　銀行・金庫・組合・農協・漁協　本店・支店・出張所・本所・支所　預金　口座番号　ゆうちょ銀行の貯金記号番号　－　郵便局名等

（個人の方）公金受取口座の利用

※税務署整理欄

税理士署名　（電話番号　－　－　）

税理士法第30条の書面提出有

税理士法第33条の2の書面提出有

※　2割特例による申告の場合、㉒欄に⑳欄の数字を記載し、⑳欄×22/78から算出された金額を⑪欄に記載してください。

OCR入力用（この用紙は機械で読み取ります。折ったり汚したりしないでください。）

GK0602

第3－(2)号様式

課税標準額等の内訳書

納税地	○○○○ (電話番号　　－　　－　　)
(フリガナ)	
屋号	○○○○
(フリガナ)	
氏名	○○○○

整理番号	

改正法附則による税額の特例計算			
軽減売上割合(10営業日)	○	附則38①	51
小売等軽減仕入割合	○	附則38②	52

個人事業者用

OCR入力用（この用紙は機械で読み取ります。折ったり汚したりしないでください。）

第二表　令和四年四月一日以後終了課税期間分

自 令和 5年 1月 1日
至 令和 5年 12月 31日

課税期間分の消費税及び地方消費税の(　確定　)申告書

中間申告の場合の対象期間　自 令和　年　月　日　至 令和　年　月　日

課税標準額 ※申告書(第一表)の①欄へ		①	2090000	01
課税資産の譲渡等の対価の額の合計額	3%適用分	②		02
	4%適用分	③		03
	6.3%適用分	④		04
	6.24%適用分	⑤		05
	7.8%適用分	⑥	2090909	06
	(②～⑥の合計)	⑦	2090909	07
特定課税仕入れに係る支払対価の額の合計額 (注1)	6.3%適用分	⑧		11
	7.8%適用分	⑨		12
	(⑧・⑨の合計)	⑩		13
消費税額 ※申告書(第一表)の②欄へ		⑪	163020	21
⑪の内訳	3%適用分	⑫		22
	4%適用分	⑬		23
	6.3%適用分	⑭		24
	6.24%適用分	⑮		25
	7.8%適用分	⑯	163020	26
返還等対価に係る税額 ※申告書(第一表)の⑤欄へ		⑰	3900	31
⑰の内訳	売上げの返還等対価に係る税額	⑱	3900	32
	特定課税仕入れの返還等対価に係る税額 (注1)	⑲		33
地方消費税の課税標準となる消費税額 (注2)	(㉑～㉓の合計)	⑳	113000	41
	4%適用分	㉑		42
	6.3%適用分	㉒		43
	6.24%及び7.8%適用分	㉓	113000	44

(注1)　⑧～⑩及び⑲欄は、一般課税により申告する場合で、課税売上割合が95％未満、かつ、特定課税仕入れがある事業者のみ記載します。
(注2)　⑳～㉓欄が還付税額となる場合はマイナス「－」を付してください。

第4-(9)号様式

付表1－3　税率別消費税額計算表 兼 地方消費税の課税標準となる消費税額計算表　　一般

課税期間	令和 5・1・1 ～ 令和 5・12・31	氏名又は名称	○○○○

区分		税率 6.24 % 適用分 A	税率 7.8 % 適用分 B	合計 C (A+B)
課税標準額	①	円 000	円 2090 000	※第二表の①欄へ 円 2090 000
①の内訳 課税資産の譲渡等の対価の額	①-1	※第二表の⑤欄へ	※第二表の⑥欄へ 2,090,909	※第二表の⑦欄へ 2,090,909
①の内訳 特定課税仕入れに係る支払対価の額	①-2	※①-2欄は、課税売上割合が95%未満、かつ、特定課税仕入れがある事業者のみ記載する。	※第二表の⑨欄へ	※第二表の⑩欄へ
消費税額	②	※第二表の⑮欄へ	※第二表の⑯欄へ 163,020	※第二表の⑰欄へ 163,020
控除過大調整税額	③	(付表2-3の㉗・㉘A欄の合計金額)	(付表2-3の㉗・㉘B欄の合計金額)	※第一表の③欄へ
控除税額 控除対象仕入税額	④	(付表2-3の㉖A欄の金額)	(付表2-3の㉖B欄の金額) 46,090	※第一表の④欄へ 46,090
控除税額 返還等対価に係る税額	⑤		3,900	※第二表の⑰欄へ 3,900
控除税額 ⑤の内訳 売上げの返還等対価に係る税額	⑤-1		3,900	※第二表の⑱欄へ 3,900
控除税額 ⑤の内訳 特定課税仕入れの返還等対価に係る税額	⑤-2	※⑤-2欄は、課税売上割合が95%未満、かつ、特定課税仕入れがある事業者のみ記載する。		※第二表の⑲欄へ
控除税額 貸倒れに係る税額	⑥			※第一表の⑥欄へ
控除税額 控除税額小計 (④+⑤+⑥)	⑦		49,990	※第一表の⑦欄へ 49,990
控除不足還付税額 (⑦－②－③)	⑧			※第一表の⑧欄へ
差引税額 (②+③－⑦)	⑨			※第一表の⑨欄へ 113,0 00
地方消費税の課税標準となる消費税額 控除不足還付税額 (⑧)	⑩			※第一表の⑰欄へ ※マイナス「－」を付して第二表の⑳及び㉓欄へ
地方消費税の課税標準となる消費税額 差引税額 (⑨)	⑪			※第一表の⑱欄へ ※第二表の⑳及び㉓欄へ 113,0 00
譲渡割額 還付額	⑫			(⑩C欄×22/78) ※第一表の⑲欄へ
譲渡割額 納税額	⑬			(⑪C欄×22/78) ※第一表の⑳欄へ 318 00

注意　金額の計算においては、1円未満の端数を切り捨てる。

(R5.10.1以後終了課税期間用)

第4-(10)号様式

付表2－3　課税売上割合・控除対象仕入税額等の計算表　　　一般

課税期間	令和 5・1・1 ～ 令和 5・12・31	氏名又は名称	○○○○

項目		税率6.24％適用分 A	税率7.8％適用分 B	合計 C (A+B)
課税売上額（税抜き）	①	円	円 2,040,909	円 2,040,909
免税売上額	②			
非課税資産の輸出等の金額、海外支店等へ移送した資産の価額	③			
課税資産の譲渡等の対価の額（①＋②＋③）	④			※第一表の⑮欄へ 2,040,909
課税資産の譲渡等の対価の額（④の金額）	⑤			2,040,909
非課税売上額	⑥			
資産の譲渡等の対価の額（⑤＋⑥）	⑦			※第一表の⑯欄へ 2,040,909
課税売上割合（④／⑦）	⑧			［100%］ ※端数切捨て
課税仕入れに係る支払対価の額（税込み）	⑨		650,000	650,000
課税仕入れに係る消費税額	⑩		46,090	46,090
適格請求書発行事業者以外の者から行った課税仕入れに係る経過措置の適用を受ける課税仕入れに係る支払対価の額（税込み）	⑪			
適格請求書発行事業者以外の者から行った課税仕入れに係る経過措置により課税仕入れに係る消費税額とみなされる額	⑫			
特定課税仕入れに係る支払対価の額	⑬	※⑬及び⑭欄は、課税売上割合が95%未満、かつ、特定課税仕入れがある事業者のみ記載する。		
特定課税仕入れに係る消費税額	⑭		(⑬B欄×7.8/100)	
課税貨物に係る消費税額	⑮			
納税義務の免除を受けない（受ける）こととなった場合における消費税額の調整（加算又は減算）額	⑯			
課税仕入れ等の税額の合計額（⑩＋⑫＋⑭＋⑮±⑯）	⑰		46,090	46,090
課税売上高が5億円以下、かつ、課税売上割合が95％以上の場合（⑰の金額）	⑱		46,090	46,090
課税売上高が5億円超又は課税売上割合が95%未満の場合　個別対応方式　⑰のうち、課税売上げにのみ要するもの	⑲			
課税売上高が5億円超又は課税売上割合が95%未満の場合　個別対応方式　⑰のうち、課税売上げと非課税売上げに共通して要するもの	⑳			
課税売上高が5億円超又は課税売上割合が95%未満の場合　個別対応方式　個別対応方式により控除する課税仕入れ等の税額〔⑲＋(⑳×④／⑦)〕	㉑			
課税売上高が5億円超又は課税売上割合が95%未満の場合　一括比例配分方式により控除する課税仕入れ等の税額（⑰×④／⑦）	㉒			
控除の調整税額　課税売上割合変動時の調整対象固定資産に係る消費税額の調整（加算又は減算）額	㉓			
控除の調整税額　調整対象固定資産を課税業務用（非課税業務用）に転用した場合の調整（加算又は減算）額	㉔			
控除の調整税額　居住用賃貸建物を課税賃貸用に供した（譲渡した）場合の加算額	㉕			
差引　控除対象仕入税額〔(⑱、㉑又は㉒の金額)±㉓±㉔＋㉕〕がプラスの時	㉖	※付表1-3の④A欄へ	※付表1-3の④B欄へ 46,090	46,090
差引　控除過大調整税額〔(⑱、㉑又は㉒の金額)±㉓±㉔＋㉕〕がマイナスの時	㉗	※付表1-3の③A欄へ	※付表1-3の③B欄へ	
貸倒回収に係る消費税額	㉘	※付表1-3の③A欄へ	※付表1-3の③B欄へ	

注意　1　金額の計算においては、1円未満の端数を切り捨てる。
　　　2　⑨、⑪及び⑬欄には、値引き、割戻し、割引きなど仕入対価の返還等の金額がある場合（仕入対価の返還等の金額を仕入金額から直接減額している場合を除く。）には、その金額を控除した後の金額を記載する。
　　　3　⑪及び⑫欄の経過措置とは、所得税法等の一部を改正する法律（平成28年法律第15号）附則第52条又は第53条の適用がある場合をいう。

（R5.10.1以後終了課税期間用）

2 個別対応方式

1 具体的な納付税額の計算例

個別対応方式を適用して計算した場合の納付税額の計算について説明します。

事例の課税売上げ及び課税仕入れは、すべて標準税率7.8%（地方消費税と合わせて10%）が適用されている取引を前提とし、課税標準額に対する消費税額及び課税仕入れに係る消費税額の計算に当たっては、「割戻し計算」（43ページ参照）の方法を採用しています。

また、非課税とされる住宅の貸付けを行っています。

事例　**免税事業者であった個人事業者が令和5年10月1日からインボイス発行事業者の登録を受けた場合の令和5年分の納付税額の計算**

1　課税売上高　8,900,000円
　令和5年1月1日から9月30日までの分　6,600,000円
　令和5年10月1日から12月31日までの分　2,300,000円（税込）
2　非課税売上高（住宅家賃）　2,400,000円
　令和5年1月1日から9月30日までの分　1,800,000円
　令和5年10月1日から12月31日までの分　600,000円
3　課税仕入れの金額　2,500,000円（税込）
　令和5年1月1日から9月30日までの分　1,850,000円（税込）
　令和5年10月1日から12月31日までの分　650,000円（税込）
　①　課税資産の譲渡等にのみ要するもの　450,000円（税込）
　②　非課税資産の譲渡等にのみ要するもの　50,000円（税込）
　③　共通して要するもの　150,000円（税込）
4　売上対価の返還等の金額　205,000円
　令和5年9月30日までの課税売上げに係るもの　150,000円
　令和5年10月1日以降の課税売上げに係るもの　55,000円（税込）

5　基準期間の課税売上高
　令和5年分の基準期間である令和3年分の課税売上高7,548,500円

1　課税標準額に対する消費税額

⑴　課税資産の譲渡等の対価の額（税抜）

2,300,000円×100／110＝2,090,909円

＊インボイス発行事業者となった日以降の課税売上高が対象となります。

＊売上対価の返還等の金額（税込）を課税資産の譲渡等の対価の額（税込）から直接減額している場合には、その減額後の金額を基に計算します。

⑵　課税標準額

2,090,909円　⇒　2,090,000円（千円未満切捨て）

⑶　課税標準額に対する消費税額

2,090,000円×7.8％＝163,020円

2　売上対価の返還等に係る消費税額

55,000円×7.8／110＝3,900円

＊インボイス発行事業者となった日以降の課税売上げに係る対価の返還等の金額が対象となります。

＊売上対価の返還等の金額（税込）を課税資産の譲渡等の対価の額（税込）から直接減額している場合には、この計算の必要はありません（以下「3　税額控除の計算」においても、その計算に含める必要はありません）。

3　控除税額

⑴　仕入控除税額

イ　課税売上割合の計算

＊インボイス発行事業者となった日以降の課税売上高及び非

課税売上高を基に課税売上割合を計算します。

＊また、売上対価の返還等の金額がある場合には、その金額を控除します。

$$課税売上割合 = \frac{課税売上高}{課税売上高＋非課税売上高}$$

$$= \frac{2,090,909円－50,000円（注）}{2,090,909円－50,000円＋600,000円}$$

$$= 77.28\%$$

（注）　売上対価の返還等の金額55,000円（税込）に100／110を乗じて計算した売上対価の返還等の金額の税抜金額です。

ロ　仕入控除税額

・課税仕入れに係る消費税額

650,000円×7.8／110＝46,090円

＊インボイス発行事業者となった日以降の課税仕入れの金額が対象となります。

①　課税資産の譲渡等にのみ要する課税仕入れに係る消費税額

450,000円×7.8／110＝31,909円

②　非課税資産の譲渡等にのみ要する課税仕入れに係る消費税額

50,000円×7.8／110＝3,545円

③　共通して要する課税仕入れに係る消費税額

150,000円×7.8／110＝10,636円

④　仕入控除税額

①＋③×課税売上割合＝31,909円＋10,636円×77.28%

＝40,128円

(2)　売上対価の返還等に係る消費税額

3,900円

(3)　控除税額

40,128円＋3,900円＝44,028円

4　差引税額

課税標準額に対する消費税額　　控除税額

163,020円　－　44,028円＝118,992円

⇒　118,900円（百円未満切捨て）

5　地方消費税額

118,900円×22／78＝33,535円

⇒　33,500円（百円未満切捨て）

6　消費税及び地方消費税の合計納付税額

118,900円＋33,500円＝152,400円

2 申告書の作成例

事例を基に消費税及び地方消費税の確定申告書第一表（一般用用）、申告書第二表、付表1－3及び付表2－3を作成すると次のとおりです。

付表1－3及び付表2－3、第2表、第一表の順で作成します。

ステップ1　付表1－3【税率別消費税額計算表 兼 地方消費税の課税標準となる消費税額の計算表】及び付表2－3【課税売上割合・控除対象仕入税額等の計算表】の作成

①　課税事業者となった日以降の課税売上高を基に付表2－3の「①課税売上額（税抜き）」欄、及び「④課税資産の譲渡等の対価の額」欄を記載します。

②　なお、「①課税売上額（税抜き）」欄については、令和5年10月1日以降の課税売上高2,300,000円（税込）から売上対価の返還等の金額55,000円（税込）を控除した金額2,245,000円に100／110を乗じた金額2,040,909円を記載します。

事例には、免税売上額及び非課税資産の輸出等の金額等はないことから、「②免税売上額」欄及び「③非課税資産の輸出等の金額、海外支店等へ移送した資産の価額」欄の記載はなく、「④課税資産の譲渡等の対価の額」欄に「①課税売上額（税抜き）」欄と同額の金額を記載します。

③　また、非課税売上高600,000円を「⑥非課税売上額」欄に記載し、「⑦資産の譲渡等の対価の額」欄には「④課税資産の譲渡等の対価の額」欄と「⑥非課税売上額」欄の金額の合計額2,640,909円を記載します。

④　「⑧課税売上割合」欄には77.28％と記載します。

⑤　次に、課税事業者となった日以降に行った課税仕入れを基に「⑨課税仕入れに係る支払対価の額（税込み）」欄、「⑩課税仕入れに係る消費税額」欄及び「⑰課税仕入れに係る税額の合計額」を記載します。

⑥　個別対応方式を選択しますから、「⑲課税売上げにのみ要するもの」欄、「⑳課税売上げと非課税売上げに共通して要するもの」欄及び「㉑個別対応方式により控除する課税仕入れ等の税額」欄を記載します。

⑦　付表1－3の「①課税標準額」欄、「①－1課税資産の譲渡等の対価の額」欄及び「②消費税額」欄を記載します。また、「④控除対象仕入税額」欄に付表2－3㉖欄に記載した金額を転記します。

⑧　「⑨差引税額」欄に記載した金額＝「⑪差引税額」を基に地方消費税の納付税額を計算し、「⑬納税額」欄に地方消費税額を記載します。

ステップ2　申告書第二表の作成

○　付表1－3で計算した金額を申告書第二表に転記します。

ステップ3　申告書第一表の作成

○　申告書第二表及び付表1－3に記載した金額を申告書第一表に転記します。

GK0306

第3－(1)号様式

第一表　令和五年十月一日以後終了課税期間分（一般用）

個人事業者用

OCR入力用（この用紙は機械で読み取ります。折ったり汚したりしないでください。）

令和　年　月　日　（収受印）	税務署長殿
納税地	○○○○　（電話番号　－　－　）
（フリガナ）	
屋号	○○○○
個人番号	XXXXXXXXXXXX
（フリガナ）	
氏名	○○○○

（個人の方）振替継続希望

※税務署処理欄：所管／要否／整理番号／申告年月日　令和　年　月　日／申告区分／指導等／庁指定／局指定／通信日付印　年　月　日／確認／確認書類（個人番号カード・通知カード・運転免許証・その他（　））／身元確認／指導年月日　令和／相談／区分1／区分2／区分3

自　令和 5年 1月 1日
至　令和 5年 12月 31日

課税期間分の消費税及び地方消費税の（　確定　）申告書

中間申告の場合の対象期間　自　令和　年　月　日　至　令和　年　月　日

この申告書による消費税の税額の計算

項目		番号	金額（十兆 千 百 十 億 千 百 十 万 千 百 十 一円）	
課税標準額		①	2090000	03
消費税額		②	163020	06
控除過大調整税額		③		07
控除税額	控除対象仕入税額	④	40128	08
	返還等対価に係る税額	⑤	3900	09
	貸倒れに係る税額	⑥		10
	控除税額小計（④+⑤+⑥）	⑦	44028	
控除不足還付税額（⑦－②－③）		⑧		13
差引税額（②+③－⑦）		⑨	118900	15
中間納付税額		⑩	00	16
納付税額（⑨－⑩）		⑪	118900	17
中間納付還付税額（⑩－⑨）		⑫	00	18
この申告書が修正申告である場合	既確定税額	⑬		19
	差引納付税額	⑭	00	20
課税売上割合	課税資産の譲渡等の対価の額	⑮		21
	資産の譲渡等の対価の額	⑯		22

この申告書による地方消費税の税額の計算

地方消費税の課税標準となる消費税額	控除不足還付税額	⑰		51
	差引税額	⑱	118900	52
譲渡割額	還付額	⑲		53
	納税額	⑳	33500	54
中間納付譲渡割額		㉑	00	55
納付譲渡割額（⑳－㉑）		㉒	33500	56
中間納付還付譲渡割額（㉑－⑳）		㉓	00	57
この申告書が修正申告である場合	既確定譲渡割額	㉔		58
	差引納付譲渡割額	㉕	00	59
消費税及び地方消費税の合計（納付又は還付）税額		㉖	152400	60

⑪・㉒又は⑫・㉓の記入をお忘れなく。

㉖＝（⑪＋㉒）－（⑧＋⑫＋⑲＋㉓）・修正申告の場合㉖＝⑭＋㉕
㉖が還付税額となる場合はマイナス「－」を付してください。

付記事項				
割賦基準の適用	有	無	31
延払基準等の適用	有	無	32
工事進行基準の適用	有	無	33
現金主義会計の適用	有	無	34
課税標準額に対する消費税額の計算の特例の適用	有	無	35

参考事項			
控除税額の計算方法	課税売上高5億円超又は課税売上割合95%未満	個別対応方式／一括比例配分方式	41
	上記以外	全額控除	
基準期間の課税売上高	7,548千円		

税額控除に係る経過措置の適用（2割特例）　42

還付を受けようとする金融機関等	
銀行・金庫・組合・農協・漁協	本店・支店・出張所・本所・支所
預金	口座番号
ゆうちょ銀行の貯金記号番号	－
郵便局名等	

（個人の方）公金受取口座の利用

※税務署整理欄

税理士署名　（電話番号　－　－　）

税理士法第30条の書面提出有

税理士法第33条の2の書面提出有

※　2割特例による申告の場合、⑱欄に⑪欄の数字を記載し、⑱欄×22/78から算出された金額を⑳欄に記載してください。

GK0602

第3－(2)号様式

課税標準額等の内訳書

納税地	○○○○ （電話番号　　－　　－　　）
（フリガナ）	
屋号	○○○○
（フリガナ）	
氏名	○○○○

整理番号

改正法附則による税額の特例計算			
軽減売上割合（10営業日）	○	附則38①	51
小売等軽減仕入割合	○	附則38②	52

個人事業者用

第二表

令和四年四月一日以後終了課税期間分

OCR入力用（この用紙は機械で読み取ります。折ったり汚したりしないでください。）

自 令和 5年 1月 1日
至 令和 5年 12月 31日

課税期間分の消費税及び地方消費税の（　確定　）申告書

（中間申告の場合の対象期間　自 令和　年　月　日　至 令和　年　月　日）

項目		番号	金額（十兆千百十億千百十万千百十一円）	
課税標準額 ※申告書（第一表）の①欄へ		①	2090000	01
課税資産の譲渡等の対価の額の合計額	3%適用分	②		02
	4%適用分	③		03
	6.3%適用分	④		04
	6.24%適用分	⑤		05
	7.8%適用分	⑥	2090909	06
	（②～⑥の合計）	⑦	2090909	07
特定課税仕入れに係る支払対価の額の合計額（注1）	6.3%適用分	⑧		11
	7.8%適用分	⑨		12
	（⑧・⑨の合計）	⑩		13
消費税額 ※申告書（第一表）の②欄へ		⑪	163020	21
⑪の内訳	3%適用分	⑫		22
	4%適用分	⑬		23
	6.3%適用分	⑭		24
	6.24%適用分	⑮		25
	7.8%適用分	⑯	163020	26
返還等対価に係る税額 ※申告書（第一表）の⑤欄へ		⑰	3900	31
⑰の内訳	売上げの返還等対価に係る税額	⑱	3900	32
	特定課税仕入れの返還等対価に係る税額（注1）	⑲		33
地方消費税の課税標準となる消費税額（注2）	（㉑～㉓の合計）	⑳	118900	41
	4%適用分	㉑		42
	6.3%適用分	㉒		43
	6.24%及び7.8%適用分	㉓	118900	44

（注1）⑧～⑩及び⑲欄は、一般課税により申告する場合で、課税売上割合が95%未満、かつ、特定課税仕入れがある事業者のみ記載します。
（注2）⑳～㉓欄が還付税額となる場合はマイナス「－」を付してください。

第4-(9)号様式

付表1－3　税率別消費税額計算表 兼 地方消費税の課税標準となる消費税額計算表　　一 般

課税期間	令和 5・1・1 ～ 令和 5・12・31	氏名又は名称	○○○○

区分		税率6.24％適用分 A	税率7.8％適用分 B	合計 C (A+B)
課税標準額	①	円 000	円 2090 000	※第二表の①欄へ 円 2090 000
①の内訳 課税資産の譲渡等の対価の額	①-1	※第二表の⑤欄へ	※第二表の⑥欄へ 2,090,909	※第二表の⑦欄へ 2,090,909
①の内訳 特定課税仕入れに係る支払対価の額	①-2	※①-2欄は、課税売上割合が95%未満、かつ、特定課税仕入れがある事業者のみ記載する。	※第二表の⑨欄へ	※第二表の⑩欄へ
消費税額	②	※第二表の⑮欄へ	※第二表の⑯欄へ 163,020	※第二表の⑰欄へ 163,020
控除過大調整税額	③	(付表2-3の㉗・㉘A欄の合計金額)	(付表2-3の㉗・㉘B欄の合計金額)	※第一表の③欄へ
控除税額 控除対象仕入税額	④	(付表2-3の㉖A欄の金額)	(付表2-3の㉖B欄の金額) 40,128	※第一表の④欄へ 40,128
控除税額 返還等対価に係る税額	⑤		3,900	※第二表の⑰欄へ 3,900
控除税額 ⑤の内訳 売上げの返還等対価に係る税額	⑤-1		3,900	※第二表の⑱欄へ 3,900
控除税額 ⑤の内訳 特定課税仕入れの返還等対価に係る税額	⑤-2	※⑤-2欄は、課税売上割合が95%未満、かつ、特定課税仕入れがある事業者のみ記載する。		※第二表の⑲欄へ
控除税額 貸倒れに係る税額	⑥			※第一表の⑥欄へ
控除税額 控除税額小計 (④+⑤+⑥)	⑦		44,028	※第一表の⑦欄へ 44,028
控除不足還付税額 (⑦－②－③)	⑧			※第一表の⑧欄へ
差引税額 (②+③－⑦)	⑨			※第一表の⑨欄へ 118,9 00
地方消費税の課税標準となる消費税額 控除不足還付税額 (⑧)	⑩			※第一表の⑰欄へ ※マイナス「－」を付して第二表の⑳及び㉓欄へ
地方消費税の課税標準となる消費税額 差引税額 (⑨)	⑪			※第一表の⑱欄へ ※第二表の⑳及び㉓欄へ 118,9 00
譲渡割額 還付額	⑫			(⑩C欄×22/78) ※第一表の⑲欄へ
譲渡割額 納税額	⑬			(⑪C欄×22/78) ※第一表の⑳欄へ 335 00

注意　金額の計算においては、1円未満の端数を切り捨てる。

(R5.10.1以後終了課税期間用)

第4-(10)号様式

付表2－3　課税売上割合・控除対象仕入税額等の計算表

一　般

課税期間	令和 5・1・1 ～ 令和 5・12・31	氏名又は名称	○○○○

項目		税率6.24％適用分 A	税率7.8％適用分 B	合計 C (A+B)
課税売上額（税抜き）	①	円	円 2,040,909	円 2,040,909
免税売上額	②			
非課税資産の輸出等の金額、海外支店等へ移送した資産の価額	③			
課税資産の譲渡等の対価の額（①＋②＋③）	④			※第一表の⑮欄へ 2,040,909
課税資産の譲渡等の対価の額（④の金額）	⑤			2,040,909
非課税売上額	⑥			600,000
資産の譲渡等の対価の額（⑤＋⑥）	⑦			※第一表の⑯欄へ 2,040,909
課税売上割合（④／⑦）	⑧			［77.28％］ ※端数切捨て
課税仕入れに係る支払対価の額（税込み）	⑨		650,000	650,000
課税仕入れに係る消費税額	⑩		46,090	46,090
適格請求書発行事業者以外の者から行った課税仕入れに係る経過措置の適用を受ける課税仕入れに係る支払対価の額（税込み）	⑪			
適格請求書発行事業者以外の者から行った課税仕入れに係る経過措置により課税仕入れに係る消費税額とみなされる額	⑫			
特定課税仕入れに係る支払対価の額	⑬	※⑬及び⑭欄は、課税売上割合が95%未満、かつ、特定課税仕入れがある事業者のみ記載する。		
特定課税仕入れに係る消費税額	⑭		（⑬B欄×7.8/100）	
課税貨物に係る消費税額	⑮			
納税義務の免除を受けない（受ける）こととなった場合における消費税額の調整（加算又は減算）額	⑯			
課税仕入れ等の税額の合計額（⑩＋⑫＋⑭＋⑮±⑯）	⑰		46,090	46,090
課税売上高が5億円以下、かつ、課税売上割合が95％以上の場合（⑰の金額）	⑱			
課税5億円超又は課税売上割合が95%未満の場合　個別対応方式　⑰のうち、課税売上げにのみ要するもの	⑲		31,909	31,909
課税5億円超又は課税売上割合が95%未満の場合　個別対応方式　⑰のうち、課税売上げと非課税売上げに共通して要するもの	⑳		10,636	10,636
課税5億円超又は課税売上割合が95%未満の場合　個別対応方式　個別対応方式により控除する課税仕入れ等の税額〔⑲＋(⑳×④／⑦)〕	㉑		40,128	40,128
課税5億円超又は課税売上割合が95%未満の場合　一括比例配分方式により控除する課税仕入れ等の税額（⑰×④／⑦）	㉒			
控除税額の調整　課税売上割合変動時の調整対象固定資産に係る消費税額の調整（加算又は減算）額	㉓			
控除税額の調整　調整対象固定資産を課税業務用（非課税業務用）に転用した場合の調整（加算又は減算）額	㉔			
控除税額の調整　居住用賃貸建物を課税賃貸用に供した（譲渡した）場合の加算額	㉕			
差引　控除対象仕入税額〔(⑱、㉑又は㉒の金額)±㉓±㉔＋㉕〕がプラスの時	㉖	※付表1-3の④A欄へ	※付表1-3の④B欄へ	40,128
差引　控除過大調整税額〔(⑱、㉑又は㉒の金額)±㉓±㉔＋㉕〕がマイナスの時	㉗	※付表1-3の③A欄へ	※付表1-3の③B欄へ	
貸倒回収に係る消費税額	㉘	※付表1-3の③A欄へ	※付表1-3の③B欄へ	

注意　1　金額の計算においては、1円未満の端数を切り捨てる。
2　⑨、⑪及び⑬欄には、値引き、割戻し、割引きなど仕入対価の返還等の金額がある場合（仕入対価の返還等の金額を仕入金額から直接減額している場合を除く。）には、その金額を控除した後の金額を記載する。
3　⑪及び⑫欄の経過措置とは、所得税法等の一部を改正する法律（平成28年法律第15号）附則第52条又は第53条の適用がある場合をいう。

（R5.10.1以後終了課税期間用）

3 一括比例配分方式

一括比例配分方式を適用して計算した場合の納付税額の計算について説明します。

事例の課税売上げ及び課税仕入れは、すべて標準税率7.8％（地方消費税と合わせて10％）が適用されている取引を前提とし、課税標準額に対する消費税額及び課税仕入れに係る消費税額の計算に当たっては、「割戻し計算」（43ページ参照）の方法を採用しています。

また、非課税とされる住宅の貸付けを行っています。

1 具体的な納付税額の計算例

事 例　免税事業者であった個人事業者が令和5年10月1日からインボイス発行事業者の登録を受けた場合の令和5年分の納付税額の計算

1　課税売上高	8,900,000円
令和5年1月1日から9月30日までの分	6,600,000円
令和5年10月1日から12月31日までの分	2,300,000円（税込）
2　非課税売上高（住宅家賃）	2,400,000円
令和5年1月1日から9月30日までの分	1,800,000円
令和5年10月1日から12月31日までの分	600,000円
3　課税仕入れの金額	2,500,000円（税込）
令和5年1月1日から9月30日までの分	1,850,000円（税込）
令和5年10月1日から12月31日までの分	650,000円（税込）
4　売上対価の返還等の金額	205,000円
令和5年9月30日までの課税売上げに係るもの	150,000円
令和5年10月1日以降の課税売上げに係るもの	55,000円（税込）
5　基準期間の課税売上高	
令5年分の基準期間である令和3年分の課税売上高	7,548,500円

1　課税標準額に対する消費税額

⑴　課税資産の譲渡等の対価の額（税抜）

2,300,000円×100／110＝2,090,909円

＊インボイス発行事業者となった日以降の課税売上高が対象となります。

＊売上対価の返還等の金額（税込）を課税資産の譲渡等の対価の額（税込）から直接減額している場合には、その減額後の金額を基に計算します。

⑵　課税標準額

2,090,909円　⇒　2,090,000円（千円未満切捨て）

⑶　課税標準額に対する消費税額

2,090,000円×7.8％＝163,020円

2　売上対価の返還等に係る消費税額

55,000円×7.8／110＝3,900円

＊インボイス発行事業者となった日以降の課税売上げに係る対価の返還等の金額が対象となります。

＊売上対価の返還等の金額（税込）を課税資産の譲渡等の対価の額（税込）から直接減額している場合には、この計算の必要はありません（以下、「3　税額控除」の計算においても、その計算に含める必要はありません）。

3　控除税額

⑴　仕入控除税額

イ　課税売上割合の計算

＊インボイス発行事業者となった日以降の課税売上高及び非課税売上高を基に課税売上割合を計算します。

＊また、売上対価の返還等の金額がある場合には、その金額を控除します。

$$\text{課税売上割合} = \frac{\text{課税売上高}}{\text{課税売上高}+\text{非課税売上高}}$$

$$= \frac{2{,}090{,}909\text{円}-50{,}000\text{円（注）}}{2{,}090{,}909\text{円}-50{,}000\text{円}+600{,}000\text{円}}$$

$$= 77.28\%$$

（注）　課税売上げに係る対価の返還等の金額55,000円（税込）に100／110を乗じて計算した売上対価の返還等の金額の税抜金額です。

ロ　仕入控除税額の計算

＊インボイス発行事業者となった日以降の課税仕入れの金額が対象となります。

①　課税仕入れ等に係る消費税額

650,000円×7.8／110＝46,090円

②　仕入控除税額

課税仕入れ等に係る消費税額　　課税売上割合
46,090円　×　77.28%　＝35,618円

⑵　売上対価の返還等に係る消費税額

3,900円

⑶　控除税額

35,618円＋3,900円＝39,518円

4　差引税額

課税標準額に対する消費税額　　控除税額
163,020円　－　39,518円＝123,502円

⇒　123,500円（百円未満切捨て）

5　地方消費税額

123,500円×22／78＝34,833円

⇒　34,800円（百円未満切捨て）

6　消費税及び地方消費税の合計納付税額

123,500円＋34,800円＝158,300円

2 申告書の作成例

事例を基に消費税及び地方消費税の確定申告書第一表（一般用用）、申告書第二表、付表1－3及び付表2－3を作成すると次のとおりです。付表1－3及び付表2－3、第2表、第一表の順で作成します。

ステップ1　付表1－3【税率別消費税額計算表 兼 地方消費税の課税標準となる消費税額の計算表】及び付表2－3【課税売上割合・控除対象仕入税額等の計算表】の作成

① 課税事業者となった日以降の課税売上高を基に付表2－3の「①課税売上額（税抜き）」欄、及び「④課税資産の譲渡等の対価の額」欄を記載します。

② なお、「①課税売上額（税抜き）」欄については、令和5年10月1日以降の課税売上高2,300,000円（税込）から売上対価の返還等の金額55,000円（税込）を控除した金額2,245,000円に100／110を乗じた金額2,040,909円を記載します。

事例には、免税売上額及び非課税資産の輸出等の金額等はないことから、「②免税売上額」欄及び「③非課税資産の輸出等の金額、海外支店等へ移送した資産の価額」欄の記載はなく、「④課税資産の譲渡等の対価の額」欄に「①課税売上額（税抜き）」欄と同額の金額を記載します。

③ また、非課税売上高600,000円を「⑥非課税売上額」欄に記載し、「⑦資産の譲渡等の対価の額」欄には「④課税資産の譲渡等の対価の額」欄と「⑥非課税売上額」欄の金額の合計額2,640,909円を記載します。

④　「⑧課税売上割合」欄には77.28％と記載します。

⑤　次に、課税事業者となった日以降に行った課税仕入れを基に「⑨課税仕入れに係る支払対価の額（税込み）」欄、「⑩課税仕入れに係る消費税額」欄及び「⑰課税仕入れに係る税額の合計額」を記載します。

⑥　一括比例配分方式を選択しますから、「㉒一括比例配分方式により控除する課税仕入れ等の税額」欄を記載します。

⑦　付表1－3の「①課税標準額」欄、「①-1課税資産の譲渡等の対価の額」欄及び「②消費税額」欄を記載します。また、「④控除対象仕入税額」欄に付表2－3㉖欄に記載した金額を転記します。

⑧　「⑨差引税額」欄に記載した金額＝「⑪差引税額」を基に地方消費税の納付税額を計算し、「⑬納税額」欄に地方消費税額を記載します。

ステップ2　**申告書第二表の作成**

○　付表1－3で計算した金額を申告書第二表に転記します。

ステップ3　**申告書第一表の作成**

○　申告書第二表及び付表1－3に記載した金額を申告書第一表に転記します。

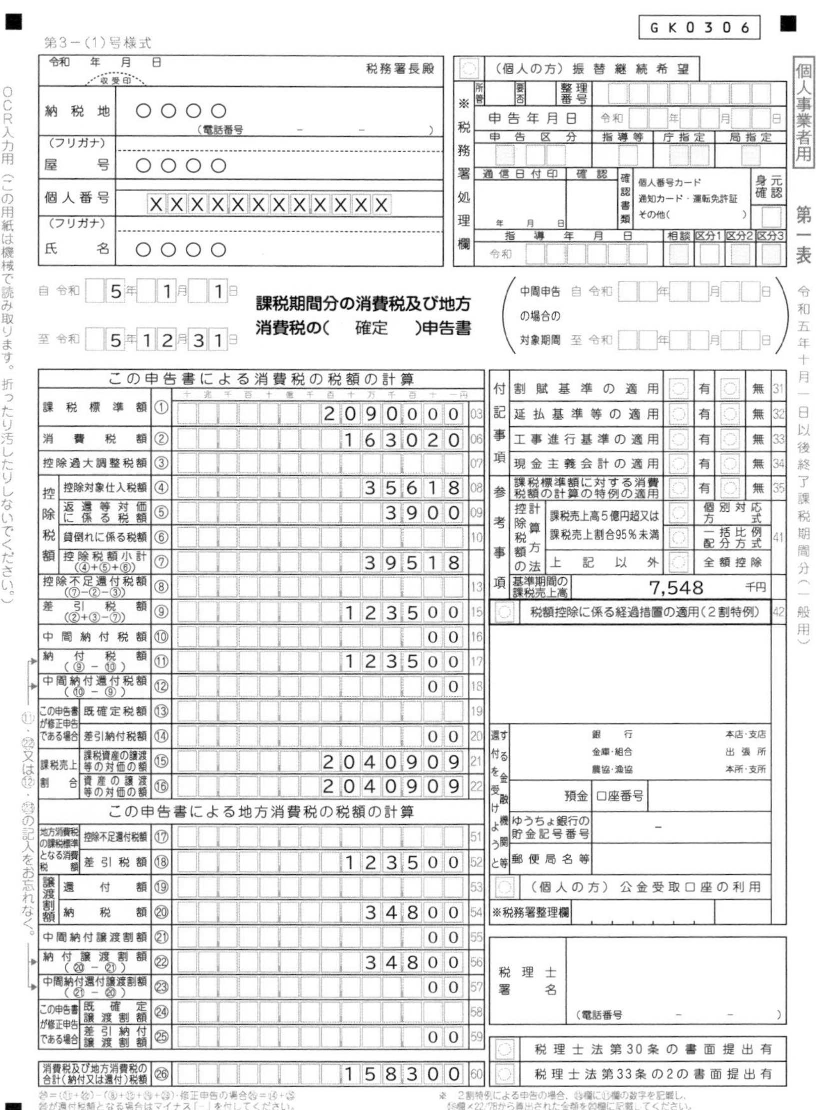

GK0306

第3－(1)号様式

令和　年　月　日　税務署長殿　収受印

納税地　○○○○　（電話番号　－　－　）

（フリガナ）
屋号　○○○○

個人番号　XXXXXXXXXXXX

（フリガナ）
氏名　○○○○

（個人の方）振替継続希望

※税務署処理欄　所管／要否／整理番号／申告年月日　令和　年　月　日／申告区分／指導等／庁指定／局指定／通信日付印　年　月　日／確認／確認書類　個人番号カード　通知カード・運転免許証　その他（　）／身元確認／指導年月日　令和／相談／区分1／区分2／区分3

個人事業者用

第一表

令和五年十月一日以後終了課税期間分（一般用）

OCR入力用（この用紙は機械で読み取ります。折ったり汚したりしないでください。）

自 令和 5年 1月 1日
至 令和 5年 12月 31日

課税期間分の消費税及び地方消費税の（　確定　）申告書

中間申告の場合の対象期間　自 令和　年　月　日　至 令和　年　月　日

この申告書による消費税の税額の計算

項目		番号	金額（円）	
課税標準額		①	2090000	03
消費税額		②	163020	06
控除過大調整税額		③		07
控除税額	控除対象仕入税額	④	35618	08
	返還等対価に係る税額	⑤	3900	09
	貸倒れに係る税額	⑥		10
	控除税額小計（④＋⑤＋⑥）	⑦	39518	
控除不足還付税額（⑦－②－③）		⑧		13
差引税額（②＋③－⑦）		⑨	123500	15
中間納付税額		⑩	00	16
納付税額（⑨－⑩）		⑪	123500	17
中間納付還付税額（⑩－⑨）		⑫	00	18
この申告書が修正申告である場合	既確定税額	⑬		19
	差引納付税額	⑭	00	20
課税売上割合	課税資産の譲渡等の対価の額	⑮	2040909	21
	資産の譲渡等の対価の額	⑯	2040909	22

この申告書による地方消費税の税額の計算

項目		番号	金額（円）	
地方消費税の課税標準となる消費税額	控除不足還付税額	⑰		51
	差引税額	⑱	123500	52
譲渡割額	還付額	⑲		53
	納税額	⑳	34800	54
中間納付譲渡割額		㉑	00	55
納付譲渡割額（⑳－㉑）		㉒	34800	56
中間納付還付譲渡割額（㉑－⑳）		㉓	00	57
この申告書が修正申告である場合	既確定譲渡割額	㉔		58
	差引納付譲渡割額	㉕	00	59
消費税及び地方消費税の合計（納付又は還付）税額		㉖	158300	60

⑪・㉒又は⑫・㉓の記入をお忘れなく。

付記事項
割賦基準の適用　有　無　31
延払基準等の適用　有　無　32
工事進行基準の適用　有　無　33
現金主義会計の適用　有　無　34

参考事項
課税標準額に対する消費税額の計算の特例の適用　有　無　35
控除税額の計算方法　課税売上高5億円超又は課税売上割合95％未満　個別対応方式／一括比例配分方式　41
上記以外　全額控除
基準期間の課税売上高　7,548千円
税額控除に係る経過措置の適用（2割特例）　42

還付を受けようとする金融機関等
銀行・金庫・組合・農協・漁協　本店・支店・出張所・本所・支所
預金　口座番号
ゆうちょ銀行の貯金記号番号　－
郵便局名等
（個人の方）公金受取口座の利用
※税務署整理欄

税理士署名
（電話番号　－　－　）

税理士法第30条の書面提出有
税理士法第33条の2の書面提出有

㉖＝（⑪＋㉒）－（⑧＋⑫＋⑲＋㉓）・修正申告の場合㉖＝⑭＋㉕
㉖が還付税額となる場合はマイナス「－」を付してください。

※　2割特例による申告の場合、⑱欄に⑨欄の数字を記載し、⑱欄×22/78から算出された金額を⑳欄に記載してください。

GK0602

第3－(2)号様式

課税標準額等の内訳書

整理番号

個人事業者用

改正法附則による税額の特例計算		
軽減売上割合(10営業日)	附則38①	51
小売等軽減仕入割合	附則38②	52

OCR入力用（この用紙は機械で読み取ります。折ったり汚したりしないでください。）

納税地	○○○○ (電話番号　－　－　)
(フリガナ)	
屋号	○○○○
(フリガナ)	
氏名	○○○○

第二表

令和四年四月一日以後終了課税期間分

自 令和 5年 1月 1日
至 令和 5年 12月 31日

課税期間分の消費税及び地方消費税の(　確定　)申告書

中間申告の場合の対象期間　自 令和　年　月　日　至 令和　年　月　日

課税標準額 ※申告書(第一表)の①欄へ		①	2090000	01
課税資産の譲渡等の対価の額の合計額	3%適用分	②		02
	4%適用分	③		03
	6.3%適用分	④		04
	6.24%適用分	⑤		05
	7.8%適用分	⑥	2090909	06
	(②～⑥の合計)	⑦	2090909	07
特定課税仕入れに係る支払対価の額の合計額(注1)	6.3%適用分	⑧		11
	7.8%適用分	⑨		12
	(⑧・⑨の合計)	⑩		13
消費税額 ※申告書(第一表)の②欄へ		⑪	163020	21
⑪の内訳	3%適用分	⑫		22
	4%適用分	⑬		23
	6.3%適用分	⑭		24
	6.24%適用分	⑮		25
	7.8%適用分	⑯	163020	26
返還等対価に係る税額 ※申告書(第一表)の⑤欄へ		⑰	3900	31
⑰の内訳	売上げの返還等対価に係る税額	⑱	3900	32
	特定課税仕入れの返還等対価に係る税額(注1)	⑲		33
地方消費税の課税標準となる消費税額(注2)	(㉑～㉓の合計)	⑳	123500	41
	4%適用分	㉑		42
	6.3%適用分	㉒		43
	6.24%及び7.8%適用分	㉓	123500	44

(注1)　⑧～⑩及び⑲欄は、一般課税により申告する場合で、課税売上割合が95%未満、かつ、特定課税仕入れがある事業者のみ記載します。
(注2)　⑳～㉓欄が還付税額となる場合はマイナス「－」を付してください。

第4-(9)号様式

付表1－3　税率別消費税額計算表 兼 地方消費税の課税標準となる消費税額計算表

一 般

課税期間	令和 5・1・1 ～ 令和 5・12・31	氏名又は名称	○○○○

区分		税率 6.24 % 適用分 A	税率 7.8 % 適用分 B	合計 C (A+B)
課税標準額	①	円 000	円 2090 000	※第二表の①欄へ 円 2090 000
①の内訳 課税資産の譲渡等の対価の額	①-1	※第二表の⑤欄へ	※第二表の⑥欄へ 2,090,909	※第二表の⑦欄へ 2,090,909
①の内訳 特定課税仕入れに係る支払対価の額	①-2	※①-2欄は、課税売上割合が95%未満、かつ、特定課税仕入れがある事業者のみ記載する。	※第二表の⑨欄へ	※第二表の⑩欄へ
消費税額	②	※第二表の⑮欄へ	※第二表の⑯欄へ 163,020	※第二表の⑪欄へ 163,020
控除過大調整税額	③	(付表2-3の㉗・㉘A欄の合計金額)	(付表2-3の㉗・㉘B欄の合計金額)	※第一表の③欄へ
控除税額 控除対象仕入税額	④	(付表2-3の㉖A欄の金額)	(付表2-3の㉖B欄の金額) 35,618	※第一表の④欄へ 35,618
控除税額 返還等対価に係る税額	⑤		3,900	※第二表の⑰欄へ 3,900
控除税額 ⑤の内訳 売上げの返還等対価に係る税額	⑤-1		3,900	※第二表の⑱欄へ 3,900
控除税額 ⑤の内訳 特定課税仕入れの返還等対価に係る税額	⑤-2	※⑤-2欄は、課税売上割合が95%未満、かつ、特定課税仕入れがある事業者のみ記載する。		※第二表の⑲欄へ
控除税額 貸倒れに係る税額	⑥			※第一表の⑥欄へ
控除税額 控除税額小計 (④+⑤+⑥)	⑦		39,518	※第一表の⑦欄へ 39,518
控除不足還付税額 (⑦−②−③)	⑧			※第一表の⑧欄へ
差引税額 (②+③−⑦)	⑨			※第一表の⑨欄へ 123,5 00
地方消費税の課税標準となる消費税額 控除不足還付税額 (⑧)	⑩			※第一表の⑰欄へ ※マイナス「−」を付して第二表の⑳及び㉓欄へ
地方消費税の課税標準となる消費税額 差引税額 (⑨)	⑪			※第一表の⑱欄へ ※第二表の⑳及び㉓欄へ 123,5 00
譲渡割額 還付額	⑫			(⑩C欄×22/78) ※第一表の⑲欄へ
譲渡割額 納税額	⑬			(⑪C欄×22/78) ※第一表の⑳欄へ 348 00

注意　金額の計算においては、1円未満の端数を切り捨てる。

(R5.10.1以後終了課税期間用)

第4-(10)号様式

付表2－3　課税売上割合・控除対象仕入税額等の計算表　　　　一般

課税期間	令和5・1・1～令和5・12・31	氏名又は名称	○○○○

項目		税率6.24％適用分 A	税率7.8％適用分 B	合計 C (A+B)
課税売上額（税抜き）	①	円	円 2,040,909	円 2,040,909
免税売上額	②			
非課税資産の輸出等の金額、海外支店等へ移送した資産の価額	③			
課税資産の譲渡等の対価の額（①＋②＋③）	④			※第一表の⑮欄へ 2,040,909
課税資産の譲渡等の対価の額（④の金額）	⑤			2,040,909
非課税売上額	⑥			600,000
資産の譲渡等の対価の額（⑤＋⑥）	⑦			※第一表の⑯欄へ 2,640,909
課税売上割合（④／⑦）	⑧			[77.28%] ※端数切捨て
課税仕入れに係る支払対価の額（税込み）	⑨		650,000	650,000
課税仕入れに係る消費税額	⑩		46,090	46,090
適格請求書発行事業者以外の者から行った課税仕入れに係る経過措置の適用を受ける課税仕入れに係る支払対価の額（税込み）	⑪			
適格請求書発行事業者以外の者から行った課税仕入れに係る経過措置により課税仕入れに係る消費税額とみなされる額	⑫			
特定課税仕入れに係る支払対価の額	⑬	※⑬及び⑭欄は、課税売上割合が95%未満、かつ、特定課税仕入れがある事業者のみ記載する。		
特定課税仕入れに係る消費税額	⑭		(⑬B欄×7.8/100)	
課税貨物に係る消費税額	⑮			
納税義務の免除を受けない（受ける）こととなった場合における消費税額の調整（加算又は減算）額	⑯			
課税仕入れ等の税額の合計額（⑩＋⑫＋⑭＋⑮±⑯）	⑰		46,090	46,090
課税売上高が5億円以下、かつ、課税売上割合が95％以上の場合（⑰の金額）	⑱			
課税売上高が5億円超又は課税売上割合が95％未満の場合　個別対応方式　⑰のうち、課税売上げにのみ要するもの	⑲			
課税売上高が5億円超又は課税売上割合が95％未満の場合　個別対応方式　⑰のうち、課税売上げと非課税売上げに共通して要するもの	⑳			
課税売上高が5億円超又は課税売上割合が95％未満の場合　個別対応方式　個別対応方式により控除する課税仕入れ等の税額〔⑲＋(⑳×④／⑦)〕	㉑			
課税売上高が5億円超又は課税売上割合が95％未満の場合　一括比例配分方式により控除する課税仕入れ等の税額（⑰×④／⑦）	㉒		35,618	35,618
控除税額の調整　課税売上割合変動時の調整対象固定資産に係る消費税額の調整（加算又は減算）額	㉓			
控除税額の調整　調整対象固定資産を課税業務用（非課税業務用）に転用した場合の調整（加算又は減算）額	㉔			
控除税額の調整　居住用賃貸建物を課税賃貸用に供した（譲渡した）場合の加算額	㉕			
差引　控除対象仕入税額〔(⑱、㉑又は㉒の金額)±㉓±㉔＋㉕〕がプラスの時	㉖	※付表1-3の④A欄へ	※付表1-3の④B欄へ 35,618	35,618
差引　控除過大調整税額〔(⑱、㉑又は㉒の金額)±㉓±㉔＋㉕〕がマイナスの時	㉗	※付表1-3の③A欄へ	※付表1-3の③B欄へ	
貸倒回収に係る消費税額	㉘	※付表1-3の③A欄へ	※付表1-3の③B欄へ	

注意　1　金額の計算においては、1円未満の端数を切り捨てる。
2　⑨、⑪及び⑬欄には、値引き、割戻し、割引きなど仕入対価の返還等の金額がある場合（仕入対価の返還等の金額を仕入金額から直接減額している場合を除く。）には、その金額を控除した後の金額を記載する。
3　⑪及び⑫欄の経過措置とは、所得税法等の一部を改正する法律（平成28年法律第15号）附則第52条又は第53条の適用がある場合をいう。

（R5.10.1以後終了課税期間用）

第 8 章

各種届出書等

消費税法には、各種の届出書、申請書等が定められていますが、その主なものは次のとおりです（様式通）。

1 届出書

届出書の名称	届出書の提出が必要な場合
消費税課税事業者届出書（基準期間用）第3-（1）号様式	基準期間における課税売上高が1千万円超となった場合（法57①一）
消費税課税事業者届出書（特定期間用）第3-（2）号様式	特定期間における課税売上高が1千万円超となった場合（法57①一）
消費税の納税義務者でなくなった旨の届出書　第5号様式	基準期間の課税売上高が1千万円以下となった場合（法57①一）
消費税課税事業者選択届出書　第1号様式	免税事業者が課税事業者になることを選択する場合（法9④）
消費税課税事業者選択不適用届出書第2号様式	課税事業者を選択していた事業者がその選択をやめる場合（法9⑤）
消費税の新設法人に該当する旨の届出書　第10号-（2）号様式	新設法人に該当することとなった場合（法57②）
消費税の特定新規設立法人に該当する旨の届出書　第10-（3）号様式	消費税の特定新規設立法人に該当することとなった場合（法57②）
消費税簡易課税制度選択届出書　第24号様式	簡易課税制度を選択する場合（法37①）
消費税簡易課税制度選択不適用届出書　第25号様式	簡易課税制度の選択をやめる場合（法37⑤）
消費税課税期間特例選択・変更届出書第13号様式	課税期間の特例の適用を選択又は変更する場合（法19①三～4の2）
消費税課税期間特例選択不適用届出書　第14号様式	課税期間の特例の適用をやめる場合（法19③）
消費税課税売上割合に準ずる割合の不適用届出書　第23号様式	承認を受けていた課税売上割合に準ずる割合の不適用届出書（法30③）

2 承認申請書

届出書の名称	届出書の提出が必要な場合
消費税課税売上割合に準ずる割合の適用承認申請書　第22号様式	課税売上割合に代えて課税売上割合に準ずる割合を用いて仕入控除税額の計算をする場合（法30③）

3 適格請求書発行事業者の登録等

届出書の名称	届出書の提出が必要な場合
適格請求書発行事業者の登録申請書（国内事業者用）　第1-(3)号様式	適格請求書発行事業者の登録を受ける場合（法57の2②）
適格請求書発行事業者の登録の取消しを求める旨の届出書　第3号様式	適格請求書発行事業者の登録の取消しを求める場合（法57の2⑩一）
適格請求書発行事業者登録簿の登載事項変更届出書　第2-(2)号様式	適格請求書発行事業者登録簿に登載された事項に変更があった場合（法57の2③）

【著者略歴】

三 宮　修（さんのみや　おさむ）
税理士

2006年　国税庁消費税室課長補佐
2009年　税務大学校総合教育部教授
2012年　東京国税不服審判所審判官
2016年　小田原税務署長
2017年　東京国税局課税第二部消費税課長
2018年　仙台国税不服審判所部長審判官
2019年　四谷税務署長
2020年7月　退職
8月　税理士登録

小規模事業者の消費税仕入税額控除
有利選択と制度理解

2024年1月15日　発行

著　者　三宮　修©

発行者　小泉 定裕

発行所　株式会社 清文社
東京都文京区小石川1丁目3－25（小石川大国ビル）
〒112-0002　電話03(4332)1375　FAX 03(4332)1376
大阪市北区天神橋2丁目北2－6（大和南森町ビル）
〒530-0041　電話06(6135)4050　FAX 06(6135)4059
URL https://www.skattsei.co.jp/

印刷：㈱精興社

■本書の内容に関するお問い合わせは編集部までFAX（03-3518-8864）又はメール（edit-e@skattsei.co.jp）でお願いします。

■本書の追録情報等は、当社ホームページ（https://www.skattsei.co.jp/）をご覧ください。

ISBN978-4-433-71933-3